M. Born, C. Carl, G. Schneider

Fachkunde Gefahrstoffe

Wissen, Grundlagen und Tipps für die Erstellung einer Gefährdungsbeurteilung nach TRGS 400

2. Auflage

ecomed
SICHERHEIT

Bibliografische Information der deutschen Nationalbibliothek

Die deutsche Nationalbibliothek verzeichnet diese Publikation in der Deutschen Nationalbibliografie; detaillierte bibliografische Daten sind im Internet über <https://dnb.de> abrufbar.

Bei der Herstellung des Werkes haben wir uns zukunftsbewusst für umweltverträgliche und wiederverwertbare Materialien entschieden. Der Inhalt ist auf elementar chlorfreies Papier gedruckt.
ISBN: 978-3-609-69082-7

E-Mail: kundenservice@ecomed-storck.de

Telefon: 089/2183-7922
Telefax: 089/2183-7620

www.ecomed-storck.de

Druck: Westermann Druck Zwickau GmbH

Vorwort
Fachkunde – ein weites Feld

Der vor 300 Jahren verstorbene Gottfried Wilhelm Leibniz gilt als das letzte Universalgenie. Der berühmte Gelehrte besaß ein allumfassendes Wissen in den Bereichen Mathematik, Physik, Technik und Philosophie.

Seit Leibniz ist die Wissensmenge um ein Vielfaches angewachsen; die vollständige Beherrschung eines ganzen oder gar mehrerer Wissenschaftsgebiete ist heute nicht mehr möglich.

Dies gilt auch für das relativ neue Feld der Gefahrstoffe. Es gibt sicher keinen Experten in Deutschland, der zu allen Aspekten der Gefahrstoffe über ein nahezu komplettes Wissen verfügt. Dafür gibt es viele Experten, die auf ihrem Spezialgebiet exzellente Kenntnisse haben und ihr Spezialgebiet natürlich oftmals für das Wichtigste halten.

Was bedeutet das für die Fachkunde Gefahrstoffe?

Die Gefahrstoffverordnung (GefStoffV) legt in § 6 fest, dass die Gefährdungsbeurteilung bei Tätigkeiten mit Gefahrstoffen fachkundig zu erstellen ist. Da es aber Tausende von Gefahrstoffen gibt sowie mindestens ebenso viele Tätigkeiten, stellt sich die Frage, welches Wissen eine fachkundige Person haben muss, um die Vorgaben der Gefahrstoffverordnung zu erfüllen. Der Verordnungsgeber bleibt vage und trifft keine genaueren Aussagen. Detaillierte Vorgaben können – nebenbei gesagt – auch nicht auf Verordnungsebene festgelegt werden.

Die Technische Regel für Gefahrstoffe (TRGS) 400 „Gefährdungsbeurteilung“ – letzte Änderungsfassung vom Juli 2017 – listet immerhin in einem eigenen Abschnitt auf, welche Kenntnisse vorhanden sein müssen. Allerdings fehlen auch hier detaillierte Angaben. Ein genauer „Fachkundekatalog“ ist also auch hier nicht zu finden, dafür der fast salomonische Satz: „Die Anforderungen an den Umfang und die Tiefe der notwendigen Kenntnisse können in Abhängigkeit von der Branche, dem Betrieb und den zu beurteilenden Tätigkeiten unterschiedlich sein und müssen nicht in einer Person vereinigt sein.“ Dieser gesamte Aspekt wurde im Übrigen in mehreren Sitzungen des Arbeitskreises für die TRGS 400 von den Experten für die Gefährdungsbeurteilung intensiv diskutiert.

In welchem Dilemma damit im Prinzip alle stecken, zeigen auch die unterschiedlichen Bemühungen vieler Seminaranbieter, Inhalte zu vermitteln, um den Anforderungen einer „Fachkunde“ und damit den Vorgaben der Gefahrstoffverordnung gewachsen zu sein. Aber es bleibt umstritten, wie und in welcher (Kürze der) Zeit jemand fachkundig wird.

Im November 2016 beschäftigte sich schließlich der Ausschuss für Gefahrstoffe (AGS) des Bundesministeriums für Arbeit und Soziales (BMAS) mit dem Thema. Resultat war eine Klarstellung zur Fachkunde für die Gefährdungsbeurteilung nach Gefahrstoffverordnung, die hier auszugsweise wiedergegeben wird:

Klarstellung des AGS zur Fachkunde nach GefStoffV

Zur Erfüllung bestimmter Aufgaben im Rahmen des Gefahrstoffrechts ist Fachkunde erforderlich. Eine dieser Aufgaben ist die fachkundige Erstellung der Gefährdungsbeurteilung durch den Arbeitgeber. Ist der Arbeitgeber nicht selbst fachkundig, dann muss er sich fachkundig beraten lassen.

Die Fachkunde umfasst dabei im Wesentlichen folgende Komponenten:

- eine geeignete Berufsausbildung oder eine entsprechende Berufserfahrung oder eine zeitnah ausgeübte entsprechende berufliche Tätigkeit und
- Kompetenz im Arbeitsschutz, die Kenntnisse und Fähigkeiten umfasst.

Die Durchführung der Gefährdungsbeurteilung verlangt mindestens Kenntnisse:

- zu den für die Beurteilung notwendigen Informationsquellen nach TRGS 400,
- zu den verwendeten Gefahrstoffen und ihren gefährlichen Eigenschaften,
- zu den mit den Gefahrstoffen im Betrieb durchgeführten Tätigkeiten,
- zum Vorgehen bei der Beurteilung gesundheitlicher (inhalativ, dermal, oral) und physikalisch-chemischer Gefährdungen,
- zur Substitution gemäß TRGS 600,
- zu technischen, organisatorischen und personenbezogenen Schutzmaßnahmen,
- zur Kontrolle der Wirksamkeit von Schutzmaßnahmen und
- zur Dokumentation der Gefährdungsbeurteilung.

Diese Kenntnisse können durch Teilnahme an spezifischen Fortbildungsmaßnahmen erworben werden.

> Die Anforderungen an den Umfang und die Tiefe der notwendigen Kenntnisse können in Abhängigkeit von der Branche, dem Betrieb und den zu beurteilenden Tätigkeiten unterschiedlich sein und müssen nicht in einer Person vereinigt sein.
>
> Vollständiger Text unter: https://www.baua.de/DE/Aufgaben/Geschaeftsfuehrung-von-Ausschuessen/AGS/Klarstellung-Fachkunde.html

Die in der Klarstellung geforderten Kenntnisse skizzieren im Wesentlichen bereits den Inhalt des vorliegenden Buchs „Fachkunde Gefahrstoffe".

Allerdings kann das von uns zusammengefasste Wissen nur die Basis für die Fachkunde im konkreten Fall sein. Wir haben die Informationen zusammengestellt, die nach unserer Meinung eine fachkundige Person, die eine Gefährdungsbeurteilung erstellen will, unbedingt wissen muss, unabhängig von Branche und zu beurteilender Tätigkeit. Andere Autorinnen und Autoren kämen sicher zu ähnlichen, im Detail jedoch etwas anderen Schwerpunktsetzungen. Im Kern würden aber vermutlich 90 % der Wissensfelder gleich ausgewählt werden. Eine absolute Vorgabe kann allerdings nicht gemacht werden; darauf erheben wir auch keinen Anspruch.

Dieses Buch soll als Einstiegshilfe in die Fachkunde dienen. Fachkunde ergibt sich aber erst aus dem Zusammenspiel von Wissen und praktischer Erfahrung. Jede Person, die eine Gefährdungsbeurteilung erstellt (als Arbeitgeber oder Beauftragter des Arbeitgebers) bzw. bei der Erstellung der Gefährdungsbeurteilung berät (hier sind in erster Linie die Fachkräfte für Arbeitssicherheit angesprochen), sollte sich der damit verbundenen Verantwortung bewusst sein. Dies bedeutet auch, dass das in diesem Buch zusammengetragene Wissen das Minimum der Kenntnisse im Sinne der Klarstellung des AGS ist.

Oktober 2021

Michael Born,
Claudia Carl und
Gerald Schneider

Inhalt

Kapitel 1
Vorgehensweise bei der Gefährdungsbeurteilung

1.1 Grundsätzliches

Das Erstellen einer Gefährdungsbeurteilung bei Tätigkeiten mit Gefahrstoffen erfordert

- ein systematisches Vorgehen mit klaren Festlegungen,
- eine Informationsermittlung zu den Tätigkeiten und den Rahmenbedingungen sowie natürlich zu den eingesetzten und entstehenden Gefahrstoffen und
- eine Dokumentationsvorlage.

Die Vorgehensweise ist in der Technischen Regel für Gefahrstoffe (TRGS) 400 detailliert beschrieben. Außerdem gibt es zu diesem Thema eine Fülle von Veröffentlichungen. Daher soll hier nur eine kurze Übersicht über die Prinzipien der Gefährdungsbeurteilung gegeben werden.

1.2 Festlegungen

Für die Gefährdungsbeurteilung ist der Arbeitgeber verantwortlich. Er kann die Gefährdungsbeurteilung selbst durchführen, sofern er fachkundig ist. Ist er dies nicht, so muss er sich fachkundig beraten lassen oder fachkundige Personen mit der Erstellung der Gefährdungsbeurteilung beauftragen. In diesem Fall muss er aber sicherstellen, dass die beauftragten Personen auch fachkundig sind. So steht es in der TRGS 400:

Fachkunde als Voraussetzung zur Erstellung der Gefährdungsbeurteilung

Die Gefährdungsbeurteilung darf nur von fachkundigen Personen durchgeführt werden (siehe Nummer 4.1). Verfügt der Arbeitgeber nicht selbst über die entsprechenden Kenntnisse, so hat er sich fachkundig beraten zu lassen.

> Der Arbeitgeber kann die Durchführung der Gefährdungsbeurteilung auch an eine oder mehrere fachkundige Personen delegieren. Er muss sicherstellen, dass die für ihn tätig werdenden Personen über die notwendigen Kenntnisse verfügen und alle für die Gefährdungsbeurteilung erforderlichen Unterlagen und Informationen zur Verfügung stellen. (TRGS 400 Nr. 3.1 Abs. 2 und 3)

Vor Beginn der Gefährdungsbeurteilung sollten die Bereiche identifiziert werden, in denen Tätigkeiten mit Gefahrstoffen durchgeführt werden. Dabei ist bereits zu überlegen, ob die Tätigkeiten in *einer* Gefährdungsbeurteilung beurteilt werden können, oder ob mehrere detaillierte Gefährdungsbeurteilungen erforderlich sind.

Die TRGS 400 lässt beides zu:

> **Grundsatz für Beurteilung von Tätigkeiten (1)**
>
> Der Arbeitgeber muss alle Tätigkeiten mit Gefahrstoffen beurteilen. Bei gleichartigen Arbeitsbedingungen an vergleichbaren Arbeitsplätzen und gleichen Tätigkeiten reicht die Beurteilung eines Arbeitsplatzes für jede der zu betrachtenden Tätigkeiten aus. (TRGS 400 Nr. 4.2 Abs. 1)

Werden aber Tätigkeiten mit Gefahrstoffen durchgeführt, bei denen auch besonders gefährliche Arbeitsstoffe eingesetzt werden, dürfen diese Tätigkeiten nicht in einer allgemeinen Gefährdungsbeurteilung einfach pauschal mitbeurteilt werden. Vielmehr ist hier eine Einzelfallbeurteilung erforderlich. Diese Regelung steht so auch in der TRGS 400:

> **Grundsatz für Beurteilung von Tätigkeiten (2)**
>
> Tätigkeiten, bei denen die Gefährdung durch besonders gefährliche Eigenschaften oder eine hohe Exposition maßgeblich bestimmt wird, sollten nicht pauschal, sondern stets im Einzelfall beurteilt werden. Dies gilt auch für nicht regelmäßig durchgeführte Tätigkeiten, wie z.B. bei Wartung oder Instandhaltung. (TRGS 400 Nr. 4.2 Abs. 4)

Merke:

Vor Beginn der Gefährdungsbeurteilung werden mindestens festgelegt:

- fachkundige Personen, die die Gefährdungsbeurteilung erstellen,
- Tätigkeiten, für die die Gefährdungsbeurteilung erstellt wird.

Immer wieder gibt es Diskussionen darüber, wie häufig die Gefährdungsbeurteilung aktualisiert werden muss. Eine Überprüfung auf Überarbeitungsbedarf ist gegeben, wenn sich z.B. die Tätigkeiten, die Eigenschaften der eingesetzten Stoffe oder gesetzliche Bestimmungen ändern. Gegebenenfalls muss die Gefährdungsbeurteilung dann aktualisiert werden. Eine Verpflichtung zur regelmäßigen Prüfung gibt es nicht. In vielen Betrieben ist es aber mittlerweile Standard, die Gefährdungsbeurteilung einmal im Jahr auf Aktualität zu prüfen. Es bietet sich auch an, bereits während der Erstellung der Gefährdungsbeurteilungen die Überprüfungszeiträume festzulegen. Diese können je nach Gefährdungsprofil auch unterschiedlich sein.

1.3 Informationsermittlung und Gefahrstoffverzeichnis

Der erste Schritt vor der eigentlichen Durchführung der Gefährdungsbeurteilung ist die Informationsermittlung. Sie umfasst zunächst die bei der Tätigkeit verwendeten oder freigesetzten Stoffe. Folgende Fragen müssen geklärt werden:

- Welche gefährlichen Eigenschaften haben die eingesetzten sowie entstehenden und freiwerdenden Gefahrstoffe?
- Wie ist das Freisetzungsvermögen der Gefahrstoffe (Dampfdruck, Siedepunkt, Staubungsverhalten)?
- Welche sicherheitstechnischen Kenngrößen, z.B. Flammpunkt, Zündtemperatur, Explosionsgrenzen, Mindestzündenergie, Zersetzungstemperatur, Selbstentzündungstemperatur (→ hierzu *Kapitel 5 „Sicherheitstechnische Kennzahlen“*), müssen berücksichtigt werden?

Die erste (sichtbare) Informationsquelle ist das Kennzeichnungsetikett auf den Gebinden, das aber nur Informationen zu den gefährlichen Eigenschaften eines Gefahrstoffes enthält. Die anderen stoffbezogenen relevanten Informationen sind im Sicherheitsdatenblatt zu finden (→ hierzu *Kapitel 4 „Informationen über Gefahrstoffe“*). Für die bei den Tätigkeiten entstehenden und freiwerdenden Gefahrstoffe ist in der Regel eine Recherche in den Datenbanken des Internets erforderlich.

Merke:

Das Etikett auf dem Gebinde gibt nur die wichtigsten Daten zu einem Gefahrstoff an und ist für die Informationsermittlung in keiner Weise ausreichend.

Alle Stoffe müssen in einem Gefahrstoffverzeichnis erfasst werden. Das Führen eines solchen Verzeichnisses ist nach der Gefahrstoffverordnung ohnehin vorgeschrieben. Es sollte noch vor der Gefährdungsbeurteilung erstellt werden. Alles andere macht keinen Sinn, zumal eine zwingend notwendige Angabe im Gefahrstoffverzeichnis die Arbeitsbereiche sind, in denen die jeweiligen Stoffe und Gemische verwendet werden. Die Anforderungen an das Gefahrstoffverzeichnis werden im *Kapitel 10 „Grundlegende Bestimmungen der Gefahrstoffverordnung“* beschrieben.

Merke:

Am Beginn der Gefährdungsbeurteilung stehen:

- Beschaffung aller Informationen zu den Gefahrstoffen,
- Erstellen des Gefahrstoffverzeichnisses.

Neben den stoffbezogenen Eigenschaften sind auch die tätigkeitsbezogenen Informationen relevant, insbesondere die Mengen, die eingesetzt werden, die Arbeitsverfahren sowie Art, Ausmaß, Dauer und Verlauf der Exposition einschließlich der Expositionswege.

1.4 Durchführung der Gefährdungsbeurteilung

Mit der Erstellung des Gefahrstoffverzeichnisses und den Festlegungen zu Tätigkeiten und mitwirkenden Personen sind die Vorbereitungsarbeiten für die Durchführung der Gefährdungsbeurteilung abgeschlossen.

Auch wenn prinzipiell Maßnahmen erst festgelegt werden können und sollten, nachdem die Gefährdungsbeurteilung erstellt ist, so gibt es doch – unabhängig von dem Ergebnis der Gefährdungsbeurteilung – Grundmaßnahmen und Grundpflichten nach §§ 7 und 8 Gefahrstoffverordnung, die immer zu beachten sind (→ auch *Kapitel 10 „Grundlegende Bestimmungen der Gefahrstoffverordnung“*).

Auf der anderen Seite heißt es in der Gefahrstoffverordnung, dass bei der Gefährdungsbeurteilung u.a. die ergriffenen oder zu ergreifenden Schutzmaßnahmen zu berücksichtigen sind. Das bedeutet: Die Schutzmaßnahmen sind sowohl Ergebnis als auch Teil der Gefährdungsbeurteilung. Sind schon Schutzmaßnahmen vorhanden, so ist deren Wirksamkeit zu beurteilen.

Auch bei der Substitution ist es nicht ganz einfach festzulegen, an welcher Stelle der Gefährdungsbeurteilung diese durchgeführt werden sollte. Die Substitutionsprüfung ist einerseits eine Grundpflicht, also immer durchzuführen. Auf der anderen Seite kann oft erst das Ergebnis der Gefährdungsbeurteilung dazu führen, eine Substitution durchführen zu wollen bzw. zu müssen, wenn mit dem Einsatz eines Gefahrstoffes eine hohe Gefährdung verbunden ist (→ auch *Kapitel 11 „Substitution"*).

Der gesamte Ablauf der Gefährdungsbeurteilung ist grafisch in *Abbildung 1 (siehe Folgeseite)* dargestellt.

Die bei der Gefährdungsbeurteilung zu berücksichtigenden Faktoren werden nun im Detail betrachtet.

1.5 Handlungsempfehlungen

Vielfach kann der Anwender sich die Arbeit mit der Gefährdungsbeurteilung erleichtern, wenn er bereits vorhandene Handlungsempfehlungen einbezieht. Diese gliedern sich in zwei Gruppen:

1. Handlungsempfehlungen, die unmittelbar angewendet werden können:
   a. Stoffspezifische oder tätigkeitsbezogene Technische Regeln für Gefahrstoffe (TRGS) oder
   b. Verfahrens- und stoffspezifische Kriterien (VSK).
2. Handlungsempfehlungen, deren Anwendbarkeit geprüft werden muss:
   a. Branchen- oder tätigkeitspezifische Handlungsempfehlungen oder
   b. vorhandene Gefährdungsbeurteilungen Dritter.

Die unterschiedlichen Arten und auch Qualitäten der Handlungsempfehlungen führen dazu, dass zunächst geprüft werden muss, ob eine Handlungsempfehlung zur Erleichterung der Gefährdungsbeurteilung genutzt werden kann (→ *Abbildung 2 auf Seite 17*). Für eine positive Entscheidung müssen einige wenige Kriterien, die in der Anlage 2 der TRGS 400 beschrieben sind, erfüllt sein.

Es gibt eine Vielzahl von z.T. sehr guten Handlungsempfehlungen u.a. von den Gesetzlichen Unfallversicherungsträgern sowie den Bundesländern.

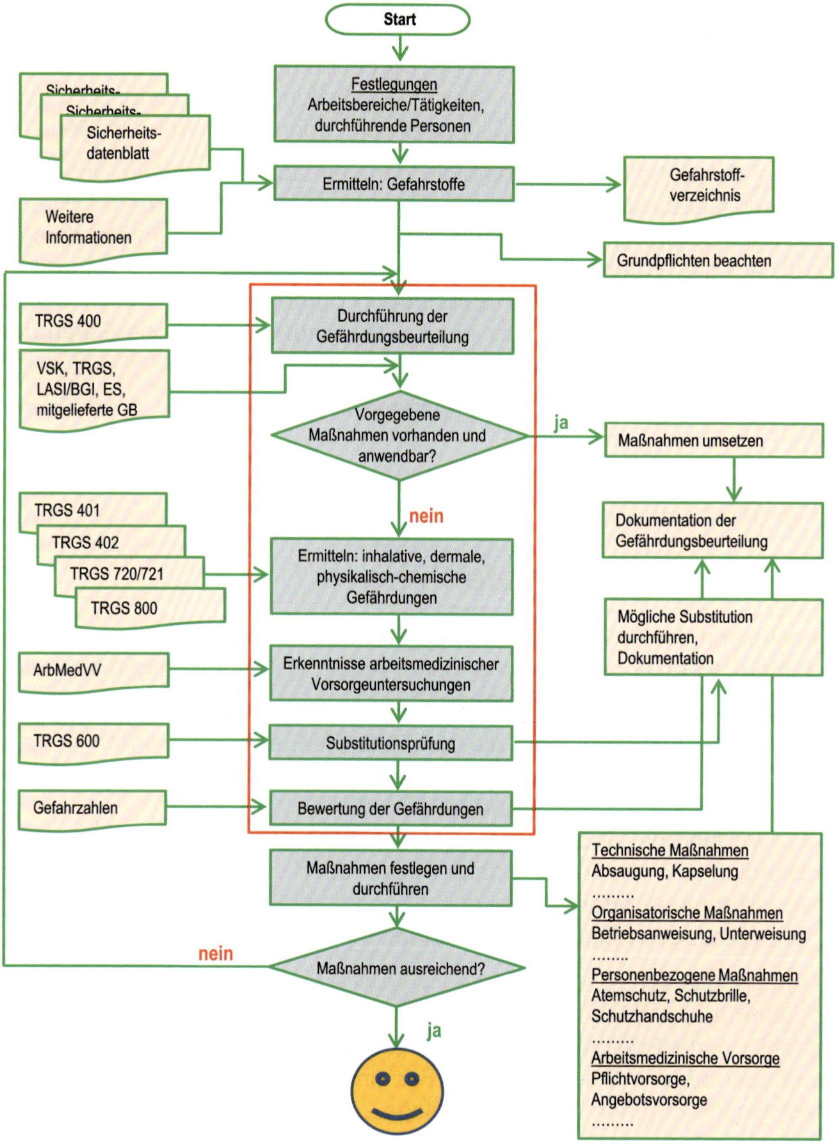

Abb. 1: *Schematischer Ablauf der Gefährdungsbeurteilung*

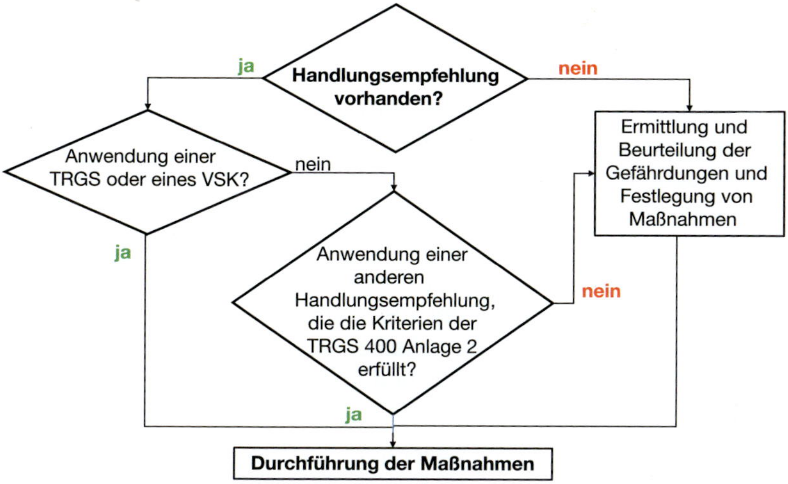

Abb. 2: *Entscheidung über die Anwendung einer Handlungsempfehlung*

Merke:

Handlungsempfehlungen sollten genutzt werden, aber es ist prinzipiell darauf zu achten, dass die ausgewählten Handlungsempfehlungen aktuell sind.

Wird die Gefährdungsbeurteilung unter Verwendung von Handlungsempfehlungen erstellt, so sind dennoch einige Vorgaben im Rahmen der Gefährdungsbeurteilung zu beachten:

a. das Vorhalten aktueller Sicherheitsdatenblätter,
b. das Führen des Gefahrstoffverzeichnisses,
c. die Erstellung von Betriebsanweisungen,
d. die Durchführung der Unterweisung und der arbeitsmedizinisch-toxikologischen Beratung,
e. das Treffen von Vorkehrungen für Betriebsstörungen, Unfälle und Notfälle,
f. das Ergreifen von Maßnahmen der arbeitsmedizinischen Vorsorge,
g. die Prüfung von Schutzmaßnahmen auf ihre Wirksamkeit sowie
h. die Dokumentation der Gefährdungsbeurteilung.

Vieles davon gehört sowieso zu den Grundpflichten und Grundmaßnahmen und ist immer zu beachten (Ausnahme: es liegt nur eine geringe Gefährdung vor).

1.6 Wichtige Faktoren bei der Gefährdungsbeurteilung

Die Gefährdung durch einen Stoff, ein Gemisch oder ein Erzeugnis hängt entscheidend von den sogenannten intrinsischen Eigenschaften[1] (→ *Kapitel 3 „Eigenschaften der Gefahrstoffe und Kennzeichnung"*) des betrachteten Gefahrstoffes ab.

Bei den intrinsischen Eigenschaften dürfen nicht nur die gefährlichen chemischen Eigenschaften betrachtet werden, sondern es müssen auch die physikalischen Eigenschaften, wie z.B. Flammpunkt, Aggregatzustand und Dampfdruck (→ *Kapitel 5 „Sicherheitstechnische Kennzahlen"*), berücksichtigt werden. Auch ist zu prüfen, ob und in welcher Nanoform ein Stoff oder ein Produkt vorliegt.

Die ausschließliche Betrachtung aller intrinsischen Eigenschaften eines Gefahrstoffes greift aber immer noch zu kurz, denn neben diesen Eigenschaften müssen weitere wichtige Faktoren berücksichtigt werden. In der Gefahrstoffverordnung sowie in der TRGS 400 werden explizit genannt:

- die Art und Dauer der Tätigkeit,
- die Menge des Gefahrstoffes,
- das Ausmaß und die Art der Exposition sowie
- die Arbeitsbedingungen, -verfahren und -mittel.

Die Gefahrstoffverordnung verlangt auch eine getrennte Beurteilung der inhalativen und der dermalen Gefährdungen (→ *Kapitel 6 „Wirkungen von Gefahrstoffen"*) sowie der Brand- und Explosionsgefährdungen (→ *Kapitel 7 „Brand- und Explosionsschutz"*). Darüber hinaus fordert sie eine Gesamtbeurteilung, wobei Wechselwirkungen zwischen den Stoffen zu beachten sind. Eine Gefährdung durch orale Aufnahme von Gefahrstoffen wird in der Verordnung nicht explizit erwähnt, jedoch weist die TRGS 400 darauf hin, dass diese auch Gegenstand der Gefährdungsbetrachtungen sein soll.

Merke:

Für die detaillierten Betrachtungen der dermalen, inhalativen sowie physikalisch-chemischen Gefährdung sind die Technischen Regeln für Gefahrstoffe 401, 402 sowie 720/721 und 800 von grundlegender Bedeutung.

[1] intrinsisch heißt: dem Stoff innewohnende Eigenschaften

Auch Biomonitoring sowie arbeitsmedizinische Vorsorge (→ *Kapitel 13 „Arbeitsmedizinische Vorsorge“*) können wichtige Erkenntnisse liefern und müssen bei der Gefährdungsbeurteilung berücksichtigt werden.

1.7 Ausnahmen von der detaillierten Gefährdungsbeurteilung

Eine Gefährdungsbeurteilung muss immer durchgeführt werden und wird bereits vom Arbeitsschutzgesetz gefordert. Allerdings gibt es Ausnahmen von der detaillierten Gefährdungsbeurteilung nach Gefahrstoffverordnung, wenn eine nur geringe Gefährdung besteht.

Für die Feststellung einer geringen Gefährdung sind folgende Parameter relevant:

- Gefährlichkeitsmerkmale,
- verwendete Stoffmenge,
- Höhe und Dauer der Exposition und
- die Arbeitsbedingungen.

Eine geringe Gefährdung ist eher die Ausnahme in Betrieben. Sie setzt voraus, dass nur selten mit kleinen Mengen eines Stoffes von niedrigem Gefährdungspotenzial gearbeitet wird, wobei die Exposition kurz und gering ist. Ein typisches Beispiel kann in den haushaltsüblichen Mengen an Klebstoffen gesehen werden.

Da bei einer geringen Gefährdung viele Maßnahmen entfallen, gab bzw. gibt es in etlichen Betrieben eine Tendenz, bei den dort eingesetzten Gefahrstoffen von einer geringen Gefährdung auszugehen. Dies entspricht aber meist nicht der Realität.

1.8 Dokumentation

Die Dokumentation der Gefährdungsbeurteilung ist zwingend erforderlich. Die entsprechende Regelung steht in § 6 Absatz 8 Gefahrstoffverordnung:

> **Dokumentationspflicht der Gefährdungsbeurteilung**
>
> Der Arbeitgeber hat die Gefährdungsbeurteilung unabhängig von der Zahl der Beschäftigten erstmals vor Aufnahme der Tätigkeit zu dokumentieren.

Es gibt auch klare Vorgaben, was alles zu dokumentieren ist. Diese Mindestangaben finden sich sowohl in der Gefahrstoffverordnung als auch in Nummer 8 der TRGS 400, allerdings mit etwas unterschiedlichen Formulierungen:

Mindestangaben in der Dokumentation

- Zeitpunkt und Personen, die die Gefährdungsbeurteilung durchgeführt haben oder daran beteiligt waren,
- Arbeitsbereiche und die Tätigkeiten mit Gefahrstoffen,
- am Arbeitsplatz auftretende inhalative, dermale oder physikalisch-chemische Gefährdungen,
- Häufigkeit der Tätigkeiten, Dauer der Exposition sowie zusätzliche Belastungsfaktoren, die relevant für eine erhöhte Aufnahme von Gefahrstoffen in den Körper sind (schwere körperliche Arbeit, hohe Temperatur, ...),
- erforderliche technische, organisatorische und personenbezogene Maßnahmen zur Beseitigung oder Verringerung der Gefährdungen und deren Wirksamkeitsprüfung,
- zusätzlich ergriffene Maßnahmen bei Überschreitung eines Arbeitsplatzgrenzwertes sowie geplante weitere Maßnahmen, die zukünftig die Einhaltung des Arbeitsplatzgrenzwertes garantieren sollen,
- Abweichungen von den nach § 20 GefStoffV bekannt gegebenen Regeln und Erkenntnissen und deren Begründung,
- Ermittlungsergebnisse, die belegen, dass die Beurteilungsmaßstäbe nach Nummer 6.4 Absatz 3 der TRGS 400 eingehalten werden oder – bei Tätigkeiten ohne Beurteilungsmaßstab – die ergriffenen technischen Schutzmaßnahmen wirksam sind,
- sofern gefährliche explosionsfähige Gemische auftreten können, sind Angaben gemäß § 6 Absatz 9 GefStoffV zu Gefährdungen durch diese Gemische sowie die Bewertung der Gefährdungen und die getroffenen Maßnahmen (Explosionsschutzdokument) erforderlich,
- das Ergebnis der Substitutionsprüfung nach TRGS 600, und
- Begründung für den Verzicht auf technisch mögliche Substitution bei Tätigkeiten mit Stoffen, für die ergänzende Schutzmaßnahmen nach §§ 9 und 10 GefStoffV ergriffen werden müssen.

Bereits im Betrieb vorhandene Dokumente, wie z.B. das Explosionsschutzdokument oder das Gefahrstoffverzeichnis (mit ergänzten Angaben zur Substitutionsprüfung), können selbstverständlich als Dokumentation verwendet werden.

In der TRGS 400 heißt es, dass die Form der Dokumentation dem Arbeitgeber freigestellt ist. Diese unverbindliche Formulierung führt in der Praxis zu großen Problemen, da die meisten Betriebe nicht wissen, wie sie die Dokumentation rechtssicher, einfach und ohne großen Zeitaufwand durchführen können. Deshalb ist im *Anhang 2* dieses Buchs eine Dokumentationsvorlage abgedruckt, die alle Dokumentationsanforderungen nach Gefahrstoffverordnung bzw. nach TRGS 400 erfüllt.

Eine genau festgelegte Aufbewahrungsfrist für die Dokumentationen gibt es nicht. In der TRGS 400 wird aber empfohlen, diese langfristig, mindestens natürlich bis zur nächsten Aktualisierung aufzubewahren. Ideal wären zehn Jahre. Diese Empfehlung folgt der Frist, die für die Aufbewahrung von Sicherheitsdatenblättern in der REACH-Verordnung vorgeschrieben ist.

Kapitel 2
Rechtsvorschriften

In diesem Kapitel werden die Systematik des Gefahrstoffrechts und seine wesentlichen Vorschriften vorgestellt. Zudem wird erläutert, welche rechtlichen Grundlagen für die Gefährdungsbeurteilung wichtig sind.

Im Gefahrstoffrecht gibt es verschiedene Ebenen der Rechtsvorschriften: Es gibt EU-Verordnungen, EU-Richtlinien, nationale Gesetze und nationale Verordnungen sowie ein technisches Regelwerk, das die Anforderungen der Verordnungen konkretisiert.

Die wichtigsten Vorschriften im Gefahrstoffrecht

- Europäische Verordnungen: REACH-Verordnung, CLP-Verordnung
- Europäische Richtlinien: Agenzien-Richtlinie, Krebs-Richtlinie
- Nationale Gesetze: Chemikaliengesetz
- Nationale Verordnungen: Gefahrstoffverordnung
- Technische Regeln als nachgeordnetes Regelwerk zur Gefahrstoffverordnung

Biozidverordnung

Die Biozidverordnung regelt Verkauf, Bereitstellung und Verwendung von biozid wirksamen Produkten auf dem europäischen Markt. Biozide können z.B. Desinfektionsmittel, Insektizide, Mittel zur Bekämpfung von Nagetieren (Rodentizide), Holzschutzmittel und Schädlingsbekämpfungsmittel im Sinne von Repellants und Lockmittel für Schädlinge sein.

Zur Gefahrstoffverordnung bestehen viele Schnittstellen, d.h. Gefahrstoffe können auch gleichzeitig Biozide sein und umgekehrt. Ein Beispiel sind Desinfektionsmittel, die in der Corona-Pandemie eine wichtige Rolle spielen.

Zwischen den EU-Verordnungen und den EU-Richtlinien gibt es einen wesentlichen Unterschied:

Merke:

EU-Verordnungen gelten unmittelbar auch national, während **EU-Richtlinien** die Mindeststandards vorschreiben, die von den Mitgliedsstaaten in nationales Recht umgesetzt werden müssen.

2.1 EU-Verordnungen

Für die Betriebe, die ausschließlich **Tätigkeiten** mit Gefahrstoffen durchführen, sind die EU-Verordnungen nicht unmittelbar relevant. Allerdings nimmt die Gefahrstoffverordnung in zentralen Punkten Bezug auf sie.

Wie ist nun der Zusammenhang zwischen CLP-Verordnung, REACH-Verordnung und Gefahrstoffverordnung?

Die CLP-Verordnung regelt die Einstufung, Kennzeichnung und Verpackung von Gefahrstoffen durch den Lieferanten.

Merke:

Ohne Einstufung und Kennzeichnung hat der Arbeitgeber keine Kenntnis, ob es sich um einen Gefahrstoff handelt.

Die REACH-Verordnung verpflichtet u.a. den Hersteller oder Importeur, ein fachkundig erstelltes Sicherheitsdatenblatt bei der Auslieferung des (Gefahrstoff-)Produkts dem Arbeitgeber zur Verfügung zu stellen.

Merke:

Ohne Sicherheitsdatenblatt liegen nur sehr unzureichende Informationen über Gefahrstoffe und ihre Eigenschaften vor.

Die Gefahrstoffverordnung verpflichtet den Arbeitgeber, eine Gefährdungsbeurteilung bei Tätigkeiten mit Gefahrstoffen in seinem Unternehmen zu erstellen und die notwendigen Schutzmaßnahmen darin festzulegen.

Merke:

Ohne Informationen über Gefahrstoffe ist keine Gefährdungsbeurteilung möglich. Ohne Gefährdungsbeurteilung können keine adäquaten Schutzmaßnahmen festgelegt werden.

2.1.1 REACH-Verordnung

Die REACH-Verordnung (Verordnung (EG) Nr. 1907/2006) trat 2007 in Kraft und regelt die Registrierung, Beurteilung und die Zulassung von Chemikalien. REACH steht für „**R**egistration", „**E**valuation" und „**A**uthorisation" of „**CH**emicals".

Ein Ziel von REACH ist die *Registrierung* aller Chemikalien über 1 Tonne Jahresproduktion. Hersteller oder Importeure (Inverkehrbringer) müssen die Stoffe, bevor sie in den Verkehr gebracht werden, bei der Europäischen Chemikalienagentur (ECHA) anmelden. Mit der obligatorischen Registrierung müssen Hersteller/Importeure Daten zur Stoffbewertung vorlegen, d.h. eine Beurteilung der von den Stoffen ausgehenden Risiken vornehmen. Sollten Daten für die Registrierung und Bewertung fehlen, müssen diese erhoben werden. Das Schlagwort lautet: „No data – no market!" Die letzte Registrierungsfrist für Chemikalien mit einer Jahresproduktion von mehr als 1 Tonne ist im Jahr 2018 abgelaufen.

Die *Bewertung* der Registrierungsunterlagen erfolgt bei der ECHA. Diese prüft sie auf Vollständigkeit und bei 5 % der Unterlagen auch, ob sie die Anforderungen an die Registrierung erfüllen. Die Stoffbewertung selbst erfolgt auf der Ebene der EU-Mitgliedsstaaten. Zu ausgewählten Stoffen werden hierbei die Registrierungsunterlagen und die Beurteilungen der Unternehmen herangezogen.

Stoffe, die als besonders besorgniserregend identifiziert werden, werden unter REACH in einer sogenannten Kandidatenliste aufgenommen; mit Stand Oktober 2021 sind dies 219 Stoffe. Bei den sogenannten SVHC-Stoffen („substances of very high concern") handelt sich um Stoffe, die

- krebserzeugend, keimzellmutagen (erbgutverändernd) oder reproduktionstoxisch (fortpflanzungsgefährdend) sind oder
- giftig sind und sich langlebig in der Umwelt und in Organismen anreichern oder
- sehr langlebig in der Umwelt sind und sich sehr stark in Organismen anreichern oder
- ähnlich besorgniserregende Eigenschaften (z.B. hormonelle Wirkung) haben.

Für die SVHC-Stoffe wird nach REACH ein *Zulassungsverfahren* gefordert mit dem Ziel, diese durch weniger besorgniserregende Stoffe zu ersetzen.

Die Mindestmenge für die Anwendung der REACH-Verordnung ist auf 1 Tonne Jahresproduktion festgelegt, d.h., es erfolgt keine Erfassung von Chemikalien, von denen weniger als 1 Tonne jährlich hergestellt werden.

Merke:

Beträgt die Jahresproduktion weniger als 1 Tonne, kann es sich auch um eine nicht geprüfte Chemikalie handeln. Die Datenmenge und Datenqualität von Chemikalien stehen damit in Abhängigkeit zu der Jahresproduktion.

Der sogenannte nachgeschaltete Anwender hat im Wesentlichen drei Anforderungen der REACH-Verordnung zu erfüllen: Er muss die Maßnahmen zur Risikominimierung bei Tätigkeiten mit Chemikalien anwenden, den Stoffsicherheitsbericht prüfen und mit dem Lieferanten und seinen eigenen Kunden (ihm nachgeschaltete Anwender) kommunizieren.

Die erste Anforderung, die Anwendung von Risikominimierungsmaßnahmen, beruht auf Angaben im Sicherheitsdatenblatt (→ hierzu *Kapitel 4 „Informationen über Gefahrstoffe“*). Das Sicherheitsdatenblatt ist eine der wichtigsten Informationsquellen, die der Anwender eines Gefahrstoffes benötigt. Damit ist die REACH-Verordnung auch für den Endverwender von Gefahrstoffen wichtig.

In der REACH-Verordnung sind Aufbau, Inhalte des Sicherheitsdatenblattes und Qualität der Angaben verbindlich festgelegt. Eine wesentliche Anforderung ist die fachkundige Erstellung des Sicherheitsdatenblattes. Die Europäische Chemikalienagentur (ECHA) hat dazu Leitlinien erstellt, die auf ihrer Homepage zu finden sind (Suchbegriff: „Leitlinien zur Erstellung von Sicherheitsdatenblättern“).

Auch zu beachten sind Verwendungsbeschränkungen gemäß REACH: Dies bedeutet, dass Stoffe, für die solche Verwendungsbeschränkungen gelten, nur für spezifische Tätigkeiten unter festgelegten Bedingungen zugelassen sind. Ein Beispiel hierfür ist die Verwendung von krebserzeugenden Metallen bzw. Metallverbindungen in der Galvanik.

Die REACH-Verordnung hat mehrere Anpassungen an den technischen Fortschritt und viele weitere Berichtigungen erfahren. Ausführliche Informationen zur REACH-Verordnung und konsolidierte Fassungen sind auf der Homepage der Europäischen Chemikalienagentur (ECHA) und der Bundesanstalt für Arbeitsschutz und Arbeitsmedizin (BAuA) zu finden.

2.1.2 CLP-Verordnung

Die CLP-Verordnung (Verordnung (EG) Nr. 1272/2008) wurde 2009 in Kraft gesetzt. Sie ist die auf den europäischen Wirtschaftsraum zugeschnittene Version des GHS (Globally Harmonized System of Chemicals), das die weltweit einheitliche Einstufung und Kennzeichnung von Chemikalien zum Ziel hat. CLP selbst bedeutet „**C**lassification", „**L**abelling" and „**P**ackaging" of Substances and Mixtures.

Auch die CLP-Verordnung wendet sich in erster Linie an den Lieferanten. Sie beschreibt die Anforderungen an die Einstufung, Kennzeichnung und Verpackung von Chemikalien. Mit der CLP-Verordnung wurden die bislang gültigen Einstufungs- und Kennzeichnungsrichtlinien der EU, die Stoffrichtlinie (67/548/EWG) und die Zubereitungsrichtlinie (1999/45/EG), aufgehoben.

Mit der CLP-Verordnung wurde ein neues System zur Risikokommunikation eingeführt. Dazu gehören im Wesentlichen neue Gefahrenklassen und -kategorien, ein neues System von Gefahrenpiktogrammen und Signalwörtern, die Verwendung von H- und P-Sätzen und geänderte Einstufungsgrenzen, z.B. bei den entzündbaren Flüssigkeiten und der akuten Toxizität (→ hierzu *Kapitel 3 „Eigenschaften der Gefahrstoffe und Kennzeichnung"*).

Die Einstufung nach Gefahrenklassen und -kategorien und das Kennzeichnungssystem nach CLP-Verordnung ist bei der Risikokommunikation im Betrieb von großer Wichtigkeit (→ auch *Kapitel 4 „Informationen über Gefahrstoffe"*).

Es gibt mittlerweile zahlreiche Anpassungen der Verordnung an den technischen Fortschritt (Stand Oktober 2021: 17 ATP); ebenso wurden viele Berichtigungen vorgenommen. Leider gibt es keine offizielle konsolidierte Fassung der CLP-Verordnung, nur inoffizielle, die nicht immer den aktuellen Rechtsstand abbilden. Aus diesen Gründen empfiehlt es sich immer, auf den entsprechenden Internetseiten die aktuellen Informationen zur CLP-Verordnung nachzusehen, z.B. auf der Homepage der Bundesanstalt für Arbeitsschutz und Arbeitsmedizin (BAuA) oder direkt auf der Startseite für das Amtsblatt der Europäischen Union.

2.2 EU-Richtlinien im Gefahrstoffrecht

Die EU-Richtlinien schreiben die Mindeststandards vor, die von den Mitgliedsstaaten in nationales Recht umgesetzt werden müssen.

Exemplarisch werden hier die Agenzien-Richtlinie (98/24/EG), die Krebs-Richtlinie (2004/37/EG) und die Asbest-Richtlinie (2009/148/EG) aufgegriffen; die Stoffrichtlinie (67/548/EWG) und die Zubereitungsrichtlinie (1999/45/EG) wurden mittlerweile durch die CLP-Verordnung abgelöst.

Die Agenzien-Richtlinie ist in Deutschland in der nationalen Gefahrstoffverordnung umgesetzt worden, dies gilt ebenso für die Krebs- und die Asbest-Richtlinie.

EU-Richtlinien für Grenzwerte

Die in den europäischen Richtlinien aufgestellten gemeinschaftlichen Grenzwerte gelten in den EU-Mitgliedsstaaten als Mindestanforderung für die Festlegung nationaler gesetzlicher Grenzwerte. Die Mitgliedsstaaten setzen für die Unternehmen die gültigen Grenzwerte fest, die nicht höher liegen dürfen als die in der EU-Richtlinie festgelegten Grenzwerte; niedrigere Grenzwerte (d.h. ein besserer Schutz) sind jedoch erlaubt.

Von großer Bedeutung sind auch die Richtlinien zur Festsetzung von Arbeitsplatz-Richtgrenzwerten. Bislang sind fünf Listen hierzu veröffentlicht worden, die letzte von der Richtlinie (EU) 2019/1831 im Oktober 2019.

Die in den europäischen Richtlinien festgelegten Grenzwerte wurden in Deutschland in die TRGS 900 „Arbeitsplatzgrenzwerte“ bzw. in die TRGS 910 „Risikobezogenes Maßnahmenkonzept für Tätigkeiten mit krebserzeugenden Gefahrstoffen“ übernommen (Grenzwerte → *Kapitel 8 „Expositionsbegrenzung und Grenzwerte“*). In der TRGS 900 sind die Grenzwerte, die aus der europäischen Union übernommen wurden, am Hinweis „EU“ in der rechten, vorletzten Spalte erkennbar.

2.3 Nationale Vorschriften

2.3.1 Gefahrstoffverordnung

Das Ziel der Gefahrstoffverordnung ist es, den Menschen und die Umwelt vor stoffbedingten Schädigungen zu schützen.

Die Gefahrstoffverordnung beschreibt grundlegend, welche Schutzmaßnahmen bei Tätigkeiten mit Gefahrstoffen zu ergreifen sind. Die Erstellung einer Gefährdungsbeurteilung für die jeweilige Tätigkeit am Arbeitsplatz führt zur Festlegung der adäquaten Schutzmaßnahmen.

Merke:

Der Adressat der Gefahrstoffverordnung ist der Arbeitgeber als Anwender von Gefahrstoffen. Die Beschäftigten, die im Auftrag des Arbeitgebers mit Gefahrstoffen arbeiten, haben aber auch Mitwirkungspflichten, die in der Gefahrstoffverordnung beschrieben sind.

Die Gefahrstoffverordnung wendet sich an alle Arbeitgeber einschließlich der Unternehmer ohne Beschäftigte und Auftraggeber im Sinne des Heimarbeitsgesetzes. Sie gilt für alle Beschäftigten, die Tätigkeiten mit Gefahrstoffen ausüben. Der Begriff „Beschäftigte" umfasst in der Verordnung auch Schülerinnen und Schüler, Studierende, an wissenschaftlichen Einrichtungen tätige Personen sowie Personen, die in Heimarbeit beschäftigt sind.

Zusätzlich zu den Gefährdungen im „Normalbetrieb" sind auch mögliche Gefährdungen bei Reparatur-, Instandhaltungs- und Wartungsarbeiten zu beurteilen. Betriebliche Unfälle geschehen häufig bei oder infolge von Arbeiten, die der Reparatur, Instandhaltung oder Wartung dienen. Daher ist auch hier die Gefährdungsbeurteilung ein wichtiger Bestandteil des Arbeits- und Gesundheitsschutzes.

Die diesem Buch zugrunde liegende Gefahrstoffverordnung enthält die Änderungen vom 21. Juli 2021 (BGBl. I S. 3115).

Die Verordnung umfasst folgende Abschnitte; das detaillierte Inhaltsverzeichnis ist im *Anhang 3* dieses Buchs aufgeführt:

Gefahrstoffverordnung

Abschnitt 1	Zielsetzung, Anwendungsbereich und Begriffsbestimmungen
Abschnitt 2	Gefahrstoffinformation
Abschnitt 3	Gefährdungsbeurteilung und Grundpflichten
Abschnitt 4	Schutzmaßnahmen
Abschnitt 4a	Anforderungen an die Verwendung von Biozid-Produkten einschließlich der Begasung sowie an Begasungen mit Pflanzenschutzmitteln
Abschnitt 5	Verbote und Beschränkungen
Abschnitt 6	Vollzugsregelungen und Ausschuss für Gefahrstoffe

Abschnitt 7	Ordnungswidrigkeiten und Straftaten
Anhang I	Besondere Vorschriften für bestimmte Gefahrstoffe und Tätigkeiten
Anhang II	Besondere Herstellungs- und Verwendungsbeschränkungen für bestimmte Stoffe, Gemische und Erzeugnisse
Anhang III	Spezielle Anforderungen an Tätigkeiten mit organischen Peroxiden

2.3.2 Technische Regeln für Gefahrstoffe (TRGS)

Als nachgeordnetes Regelwerk zur Gefahrstoffverordnung gibt es die Technischen Regeln für Gefahrstoffe (TRGS). Sie beschreiben den Stand der Technik und konkretisieren für den Arbeitgeber die in der Praxis zu beachtenden Vorgaben der Gefahrstoffverordnung.

Die TRGS werden von Expertenkreisen erarbeitet und müssen durch den Ausschuss für Gefahrstoffe (AGS) beschlossen werden. Die Veröffentlichung erfolgt durch das Bundesministerium für Arbeit und Soziales (BMAS). Sie sind rechtsgültig und bevorzugt vom Arbeitgeber anzuwenden.

Merke:

Die Technischen Regeln für Gefahrstoffe lösen die sogenannte „Vermutungswirkung" aus: Erfüllt der Arbeitgeber ihre Vorgaben, kann er sich auf ihre Rechtssicherheit verlassen. Anders formuliert: Bei Einhaltung der Technischen Regeln werden die Bestimmungen der Gefahrstoffverordnung (für die in den TRGS beschriebenen Tätigkeiten) umgesetzt.

Weicht der Arbeitgeber von den Technischen Regeln ab oder ergreift er ganz andere Maßnahmen zum Schutze der Beschäftigten, so muss er dies begründen und nachweisen, dass die von ihm durchgeführten Schutzmaßnahmen das gleiche Schutzniveau und die gleiche Sicherheit wie die Schutzmaßnahmen in der entsprechenden TRGS erreichen.

Die Abweichung von der TRGS und die stattdessen ergriffenen Maßnahmen sind in der Gefährdungsbeurteilung zu dokumentieren. In diesem Fall muss der Arbeitgeber selbst die Wirksamkeit seiner Schutzmaßnahmen beweisen und kann sich nicht auf die Technischen Regeln für Gefahrstoffe berufen.

Ebenso muss der Arbeitgeber dokumentieren, dass er die Wirksamkeit dieser abweichenden Maßnahmen überprüft hat.

In der Regel ist der Aufwand für von Technischen Regeln abweichende Maßnahmen wesentlich größer. Daher werden in der Praxis meist die TRGS angewendet.

Struktur der Technischen Regeln für Gefahrstoffe

TRGS	Themengebiet
001	Allgemeines, Aufbau und Anwendung
Reihe 200	Inverkehrbringen von Stoffen, Zubereitungen und Erzeugnissen
Reihe 400	Gefährdungsbeurteilung
Reihe 500	Schutzmaßnahmen bei Tätigkeiten mit Gefahrstoffen
Reihe 600	Ersatzstoffe und Ersatzverfahren
Reihen 700 und 800	Brand- und Explosionsschutz
Reihe 900	Grenzwerte, Einstufungen, Begründungen und weitere Beschlüsse des AGS

Die 100er- und 300er-Reihe fehlen, da die entsprechenden Technischen Regeln inzwischen aufgehoben sind.

Folgende Technische Regeln sind im Zusammenhang mit der Gefährdungsbeurteilung wichtig:

Die TRGS 400 „Gefährdungsbeurteilung für Tätigkeiten mit Gefahrstoffen“ ist die Grundlagen-TRGS für die Gefährdungsbeurteilung.

Die TRGS 401 „Gefährdung durch Hautkontakt – Ermittlung, Beurteilung, Maßnahmen“ sowie die TRGS 402 „Ermitteln und Beurteilen der Gefährdungen bei Tätigkeiten mit Gefahrstoffen: Inhalative Exposition“ befassen sich mit der wichtigen Beurteilung von Gefährdungen durch Hautkontakt bzw. Einatmen.

Die Grundlagen-TRGS 500 beschreibt die Schutzmaßnahmen, die notwendigerweise aus der Gefährdungsanalyse folgen. In ihr und in den Regeln der 500er-Reihe werden für bestimmte Branchen und spezielle Tätigkeiten Schutzmaßnahmen und stoffspezifische Grenzwerte beschrieben und festgelegt.

Die TRGS 600 „Substitution" beschreibt ausführlich die Gesichtspunkte, die bei der Substitutionsprüfung zu beachten sind und wie diese zu dokumentieren ist. Die 600er-Reihe der TRGS beschreibt Ersatzstoffe, Ersatzverfahren und Verwendungsbeschränkungen für etwa zehn verschiedene Tätigkeiten und Gefahrstoffe.

Die Brand- und Explosionsgefahren werden u.a. in TRGS 800 „Brandschutzmaßnahmen", TRGS 720 „Gefährliche explosionsfähige Gemische – Allgemeines", TRGS 721 „Gefährliche explosionsfähige Gemische – Beurteilung der Explosionsgefährdung" sowie TRGS 722 „Vermeidung oder Einschränkung gefährlicher explosionsfähiger Gemische" detailliert behandelt.

Die Arbeitsplatzgrenzwerte (AGW) sind in der TRGS 900 aufgelistet, in der TRGS 903 sind die Biologischen Grenzwerte (BGW) verzeichnet.

Für Tätigkeiten mit krebserzeugenden Stoffen bietet die TRGS 910 ein risikobezogenes Maßnahmenkonzept. Die TRGS 905 liefert ein Verzeichnis krebserzeugender, keimzellmutagener oder reproduktionstoxischer Stoffe und die TRGS 906 ein Verzeichnis krebserzeugender Tätigkeiten oder Verfahren nach § 3 Abs. 2 Nr. 3 GefStoffV.

Wichtige Technische Regeln zur Gefährdungsbeurteilung

Inhalt	Nummer der TRGS
Gefährdungsbeurteilung allgemein	TRGS 400
Dermale Gefährdung	TRGS 401
Inhalative Gefährdung	TRGS 402
Brandgefährdung	TRGS 800
Ersatzstoffprüfung	TRGS 600
Schutzmaßnahmen	TRGS 500
Betriebsanweisung und Unterweisung	TRGS 555
Arbeitsplatzgrenzwerte	TRGS 900

2.3.3 Bekanntmachungen zu Gefahrstoffen

Mit den Bekanntmachungen zu Gefahrstoffen (BekGS) gibt das Bundesministerium für Arbeit und Soziales (BMAS) den Betrieben Hinweise, wie Rechtsvorschriften zur Gefahrstoffverordnung auszulegen und anzuwenden sind, die in der Praxis häufig zu Schwierigkeiten oder bei den betrieblichen Anwendern zu Unsicherheiten führen. BekGS spiegeln den aktuellen

Erkenntnisstand wider und sollten deshalb bei der Gefährdungsbeurteilung berücksichtigt werden.

Ein Beispiel ist die BekGS 402 „Nutzung der REACH-Informationen für den Arbeitsschutz" (Januar 2012). Hier wird in einem Fragen-Antworten-Katalog der Kontext von REACH und Arbeitsschutz behandelt. Das Ziel ist, die effiziente Nutzung der Inhalte des Sicherheitsdatenblattes für den Arbeitsschutz deutlich zu machen.

Einige Technische Regeln sind noch nicht auf das Einstufungs- und Kennzeichnungssystem der CLP-Verordnung umgestellt. Was bedeutet das für ihre Anwendung in der betrieblichen Praxis? Die in diesen TRGS beschriebenen Regeln und Vorgehensweisen sind sinngemäß anzuwenden. Allerdings dürfen die beschriebenen Maßnahmen nicht im Widerspruch zur gültigen Gefahrstoffverordnung stehen.

Die Technischen Regeln für Gefahrstoffe (TRGS) sowie die Bekanntmachungen zu Gefahrstoffen (BekGS) werden auf der Homepage der Bundesanstalt für Arbeitsschutz und Arbeitsmedizin (BAuA) veröffentlicht.

2.3.4 Arbeitsmedizinische Vorsorgeverordnung (ArbMedVV)

Die Verordnung zur arbeitsmedizinischen Vorsorge ist erstmals im Dezember 2008 in Kraft getreten und bündelt die bislang in verschiedenen Einzelverordnungen getroffenen Regelungen zur arbeitsmedizinischen Vorsorge.

Wichtige Informationen zu dieser Verordnung enthält das *Kapitel 13 „Arbeitsmedizinische Vorsorge"*. Dort werden u.a. die Inhalte zur Vorsorge im Zusammenhang mit der Gefahrstoffverordnung ausgeführt.

Weiterhin werden Arbeitsmedizinische Regeln (AMR) als nachgeordnetes Regelwerk zur ArbMedVV veröffentlicht. Sie stehen im gleichen Verhältnis zur ArbMedVV wie die TRGS zur Gefahrstoffverordnung.

Mittlerweile sind 17 Arbeitsmedizinische Regeln veröffentlicht (Stand Oktober 2021), u.a. zur arbeitsmedizinischen Vorsorge und zum Biomonitoring im Zusammenhang mit Gefahrstoffen.

An dieser Stelle sei darauf hingewiesen, dass die TRGS der 500er-Reihe in ihren Abschnitten zur arbeitsmedizinischen Vorsorge zum Teil ausführliche Hinweise zur Vorsorge geben. Da die AMR den Stand der Arbeitsmedizin beschreiben, sind sie für den Arbeitgeber verbindlich.

Kapitel 3
Eigenschaften der Gefahrstoffe und Kennzeichnung

Die Eigenschaften von Gefahrstoffen und deren Kennzeichnung sind im Chemikaliengesetz, in der Gefahrstoffverordnung und in der CLP-Verordnung beschrieben.

So werden in § 3 der Gefahrstoffverordnung die Art der Gefährdung von Gefahrstoffen als Gefahrenklassen beschrieben. Dabei wurden die Definitionen aus der CLP-Verordnung übernommen.

Die Einstufungskriterien sowie die Kennzeichnung von Stoffen und Gemischen basieren seit Januar 2009 auf der CLP-Verordnung. Zum 31.5.2017 liefen die Übergangsfristen für die Einstufung und Kennzeichnung nach Stoff- oder Zubereitungsrichtlinie endgültig aus. Seitdem müssen alle Stoffe und Gemische mit der Kennzeichnung nach CLP-Verordnung versehen sein.

Die korrekte Einstufung und Kennzeichnung von Gefahrstoffen haben die Lieferanten des Produkts vorzunehmen (zum Sicherheitsdatenblatt → *Kapitel 4 „Informationen über Gefahrstoffe“*).

3.1 Einstufung und Kennzeichnung

Die Einstufung und die Kennzeichnung von Gefahrstoffen unterscheiden sich grundsätzlich.

Die *Einstufung* erfolgt über die Zuordnung von Gefahrenklasse(n) und Gefahrenkategorie(n) sowie Gefahrenhinweisen, den sogenannten H-Sätzen („hazard statements“). In der CLP-Verordnung verweist Artikel 3 auf die Einstufungskriterien für gefährliche Stoffe und Gemische in Anhang I Teile 2 bis 5.

Die *Kennzeichnung* hingegen erfolgt über die Gefahrenpiktogramme, eines der beiden Signalworte „Gefahr“ oder „Achtung“, über die Gefahrenhinweise (H-Sätze) und die Sicherheitshinweise (P-Sätze, „precautionary statements“).

Merke:

Die Einstufung ist entscheidend, die Kennzeichnung ist die bildhaft gemachte Einstufung.

Einstufungs- und Kennzeichnungselemente nach CLP-Verordnung

Einstufung	Kennzeichnung
Gefahrenklassen	Gefahrenpiktogramme
Gefahrenkategorien	Signalworte: „Gefahr" oder „Achtung"
Gefahrenhinweise	Gefahrenhinweise und Sicherheitshinweise

3.2 Gefahrenklassen

Die Einstufung eines Gefahrstoffes in eine oder mehrere Gefahrenklassen ist in Anhang I der CLP-Verordnung beschrieben. Insgesamt gibt es 29 Gefahrenklassen: 10 Gefahrenklassen für Gesundheitsgefahren, 17 für physikalische Gefahren und 2 für Umweltgefahren.

Diese Gefahrenklassen sind in maximal vier Gefahrenkategorien unterteilt, die die Schwere der Gefahr widerspiegeln (→ *Tabellen* auf den Folgeseiten).

3.3 Gefahrenkategorien

Die Gefahrenkategorien weisen unterschiedliche Strukturen und eine unterschiedliche Nomenklatur auf:

1. Es gibt Gefahrenkategorien mit den Ziffern 1 bis 4.
   Beispiele: Akut toxisch, Kategorie 1, 2, 3 oder 4; Aspirationstoxisch, Kategorie 1 (nur eine Klasse)
2. Es gibt Gefahrenkategorien mit einer Ziffern-Buchstaben-Kombination, z.T. auch mit Unterkategorien.
   Beispiele: Kanzerogenität, Kategorie 1A, 1B oder 2; Ätz-/Reizwirkung auf die Haut, Kategorie 1, Unterkategorie 1A, 1B, 1C oder Kategorie 2
3. Es gibt Gefahrenkategorien mit Unterklassen.
   Beispiel: Explosive Stoffe, Unterklasse „instabil" und Unterklassen 1.1 bis 1.6
4. Es gibt beschreibende Gefahrenkategorien, auch kombiniert mit Ziffern.
   Beispiele: Gase unter Druck mit den Kategorien: verdichtetes Gas, ver-

flüssigtes Gas, tiefgekühlt verflüssigtes Gas, gelöstes Gas; Gewässergefährdend, Kategorie Aquatic Acute 1 und Kategorie Aquatic Chronic 1, 2, 3 oder 4

5. Es gibt Kategorien mit Typen.
   Beispiel: Organische Peroxide, Kategorien Typ A bis Typ G

Merke:

Die Schwere der Gefahr innerhalb einer Gefahrenkategorie nimmt mit höherer Zahl oder fortschreitendem Buchstaben ab.

In den folgenden Tabellen sind die Gefahrenklassen und Gefahrenkategorien nach CLP-Verordnung dargestellt.

Gefahrenklassen und Gefahrenkategorien für Gesundheitsgefahren

Gefahrenklasse	Gefahrenkategorien				
Akute Toxizität	Kat. 1	Kat. 2	Kat. 3	Kat. 4	
Ätzwirkung auf die Haut/ Hautreizung	Kat. 1	Unterkat. 1A	Unterkat. 1B	Unterkat. 1C	Kat. 2
Schwere Augenschädigung/Augenreizung	Kat. 1	Kat. 2	–	–	
Sensibilisierung der Atemwege/Haut	Kat. 1	Unterkat. 1A	Unterkat. 1B	–	
Keimzellmutagenität	Kat. 1A	Kat. 1B	Kat. 2	–	
Karzinogenität	Kat. 1A	Kat. 1B	Kat. 2	–	
Reproduktionstoxizität	Kat. 1A	Kat. 1B	Kat. 2	–	
Spezifische Zielorgan-Toxizität (einmalige Exposition)	Kat. 1	Kat. 2	Kat. 3	–	
Spezifische Zielorgan-Toxizität (wiederholte Exposition)	Kat. 1	Kat. 2	–	–	
Aspirationsgefahr	Kat. 1	–	–	–	

Gefahrenklassen und Gefahrenkategorien für Umweltgefahren

Gefahrenklasse	Gefahrenkategorien			
Gewässergefährdend	Akut 1	–	–	–
	Chronisch 1	Chronisch 2	Chronisch 3	Chronisch 4
Die Ozonschicht schädigend	Kat. 1	–	–	–

Gefahrenklassen und Gefahrenkategorien für physikalisch-chemische Gefahren

Gefahrenklasse	Gefahrenkategorien						
Explosive Stoffe/Gemische und Erzeugnisse mit Explosivstoff	Instabil, explosiv	Unterklasse 1.1	Unterklasse 1.2	Unterklasse 1.3	Unterklasse 1.4	Unterklasse 1.5	Unterklasse 1.6
Entzündbare Gase	Kat. 1A Selbstentzündliche (pyrophore) Gase Chemisch instabile Gase A und B	Kat. 1B	Kat. 2	–	–	–	–
Aerosole	Kat. 1	Kat. 2	Kat. 3	–	–	–	–
Oxidierende Gase	Kat. 1	–	–	–	–	–	–
Gase unter Druck	verdichtetes Gas	verflüssigtes Gas	tiefgekühlt verflüssigtes Gas	gelöstes Gas	–	–	–
Entzündbare Flüssigkeiten	Kat. 1	Kat. 2	Kat. 3	–	–	–	–

Gefahrenklasse	Gefahrenkategorien						
Entzündbare Feststoffe	Kat. 1	Kat. 2	–	–	–	–	–
Selbstzersetzliche Stoffe und Gemische	Typ A	Typ B	Typen C & D	Typen E & F	Typ G	–	–
Pyrophore Flüssigkeiten	Kat. 1	–	–	–	–	–	–
Pyrophore Feststoffe	Kat. 1	–	–	–	–	–	–
Selbsterhitzungsfähige Stoffe und Gemische	Kat. 1	Kat. 2	–	–	–	–	–
Stoffe und Gemische, die in Berührung mit Wasser entzündbare Gase entwickeln	Kat. 1	Kat. 2	Kat. 3	–	–	–	–
Oxidierende Flüssigkeiten	Kat. 1	Kat. 2	Kat. 3	–	–	–	–
Oxidierende Feststoffe	Kat. 1	Kat. 2	Kat. 3	–	–	–	–
Organische Peroxide	Typ A	Typ B	Typen C & D	Typen E & F	Typ G	–	–
Korrosiv gegenüber Metallen	Kat. 1	–	–	–	–	–	–
Desensibilisierte explosive Stoffe und Gemische	Kat. 1	Kat. 2	Kat. 3	Kat. 4	–	–	–

3.4 Kennzeichnung nach CLP-Verordnung

Die Kennzeichnung von Gefahrstoffen nach der CLP-Verordnung umfasst folgende Kriterien:

Kennzeichnung nach CLP-Verordnung

- Stoffname/Produktname
- Produktidentifikatoren
  Stoffe: Stoffname und Identifikationsnummer, z.B. Index-Nr., EG-Nr., CAS-Nr.
  Gemische: Handelsname bzw. Gemischbezeichnung und Aufzählung aller Inhaltsstoffe, die zur Einstufung des Gemisches als Gefahrstoff beitragen
- Gefahrenpiktogramme
- Signalwort
- Gefahrenhinweise (H-Sätze)
- Sicherheitshinweise (P-Sätze)
- Name, Anschrift und Telefonnummer des Lieferanten
- Nennmenge des Stoffes/Gemisches, wenn er/es der Öffentlichkeit zugänglich gemacht wird (meist Standardangabe)

Auf der gegenüberliegenden Seite ist in *Abbildung 3a* beispielhaft die Kennzeichnung für Methanol abgebildet.

Am augenfälligsten sind die Gefahrenpiktogramme, auf der Spitze stehende rot umrandete Quadrate mit einem schwarzen Symbol auf weißem Grund.

Im Kennzeichnungssystem der CLP-Verordnung gibt es insgesamt neun Piktogramme; sechs davon existierten in ähnlicher Form schon bei der Kennzeichnung nach Stoff- und Zubereitungsrichtlinie:

- die „explodierende Bombe“ (GHS 01),
- die „Flamme“ (GHS 02),
- die „Flamme über dem Kreis“ (GHS 03),
- die „Ätzwirkung“ (GHS 05),
- der „Totenkopf mit gekreuzten Knochen“ (GHS 06) und
- das „Umwelt“-Symbol (GHS 09).

Neu eingeführt von der CLP-Verordnung wurden die Piktogramme „Gasflasche“ (GHS 04), „Ausrufezeichen“ (GHS 07) und „Gesundheitsgefahr“ (GHS 08).

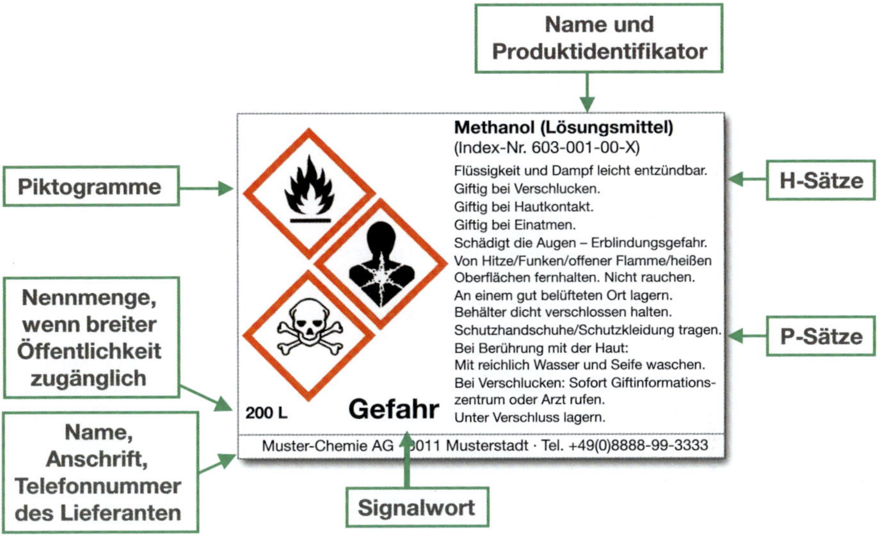

Abb. 3a: *Beispiel: Kennzeichnung für Methanol*

Physikalisch-chemische Gefahren werden mit den Piktogrammen GHS 01 bis GHS 04 kenntlich gemacht, Gesundheitsgefahren mit den Piktogrammen GHS 05 bis GHS 08, Umweltgefahren mit dem Piktogramm GHS 09.

Neben Gesundheitsgefahren kann das Piktogramm GHS 05 „Ätzwirkung" auch die physikalisch-chemische Gefahr „Korrosiv gegenüber Metallen" („Met. Corr. 1") kennzeichnen.

Das Piktogramm GHS 07 „Ausrufezeichen" kann auch eine Umweltgefahr bedeuten: die Ozonschicht schädigend („Ozone 1").

Abbildung 3b auf der Folgeseite zeigt beispielhaft die Kennzeichnung eines Gemischs, das auch einen UFI-Code aufweist.

Der UFI-Code ist ein 16-stelliger eindeutiger Rezepturidentifikator (Unique Formula Identifier), der der eindeutigen Einordnung eines potenziell gefährlichen Gemischs für den Notfall dient. Der Code verknüpft ein Produkt mit Informationen über die Inhaltsstoffe und Toxizität dieses Produkts, die an die europäischen Giftnotrufzentralen übermittelt wurden. Damit können eine schnelle und eindeutige Identifizierung und adäquate Hilfsmaßnahmen z.B. im Falle einer Intoxikation erreicht werden. Dieser UFI-Code ist spätestens ab 2025 für alle Produkte vorgeschrieben.

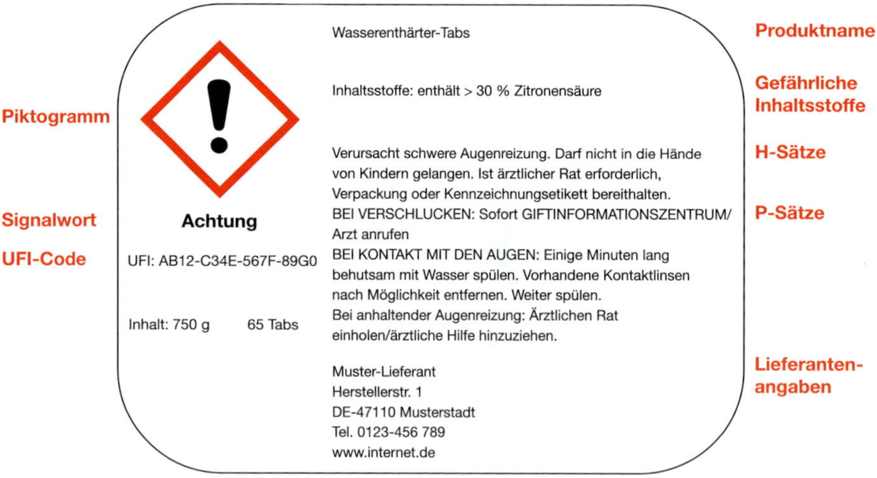

Abb. 3b: *Beispiel für die Kennzeichnung eines Gemischs*

Für welche Gefahr steht nun welches Gefahrenpiktogramm? Die folgende Übersicht listet alle Gefahrenpiktogramme auf und erklärt, welche Gefahrstoffe sie kennzeichnen.

Bis auf ganz wenige Ausnahmen werden die Piktogramme mit einem der beiden Signalwörter „Gefahr“ oder „Achtung“ kombiniert. Dabei warnt das Signalwort „Gefahr“ vor einer höheren Gefahr, das Signalwort „Achtung“ vor einer etwas niedrigeren Gefahr.

Beschreibung der Piktogramme	
	**GHS 01 „Explodierende Bombe“** Kennzeichnet: • Stoffe oder Gemische, die explosiv sind, Kat. instabil bzw. Unterklassen 1.1 bis 1.4 • Selbstzersetzliche Stoffe oder Gemische, Typ A oder Typ B (in Kombination mit GHS 02) • Organische Peroxide, Typ A oder Typ B (in Kombination mit GHS 02)

Beschreibung der Piktogramme	
	**GHS 02 „Flamme“** Kennzeichnet: • Entzündbare Flüssigkeiten, Kat. 1, 2 oder 3 • Chemisch instabile Gase, Kat. A oder 1B • Selbstentzündliche pyrophore Gase • Entzündbare Gase, Kat. 1A oder B • Entzündbare Feststoffe, Kat. 1 oder 2 • Aerosole, Kat. 1 oder 2 • Pyrophore Flüssigkeiten oder Feststoffe, Kat. 1 • Selbstzersetzliche Stoffe oder Gemische, Typ B (in Kombination mit GHS 01) bis Typ F • Organische Peroxide, Typ B (in Kombination mit GHS 01) bis Typ F • Selbsterhitzungsfähige Stoffe oder Gemische, Kat. 1 oder 2 • Stoffe oder Gemische, die in Berührung mit Wasser entzündbare Gase entwickeln, Kat. 1, 2 oder 3 • Desensibilisierte explosive Stoffe oder Gemische
	**GHS 03 „Flamme über Kreis“** Kennzeichnet: • Oxidierende Gase, Kat. 1 • Oxidierende Feststoffe, Kat. 1, 2 oder 3 • Oxidierende Flüssigkeiten, Kat. 1, 2 oder 3
	**GHS 04 „Gasflasche“** Steht für: Gase unter Druck sowie verflüssigte, tiefkalte und gelöste Gase und kennzeichnet z.B. Druckgasflaschen, Aerosole und Druckgaspackungen
	**GHS 05 „Ätzwirkung“** Steht für: • Hautätzend, Kat. 1, Unterkat. 1A, 1B oder 1C • Schwere Augenschädigung, Kat. 1 • Korrosiv gegenüber Metallen, Kat. 1

Beschreibung der Piktogramme	
	**GHS 06 „Totenkopf mit gekreuzten Knochen“** Kennzeichnet: Stoffe oder Gemische, die akut toxisch (giftig), Kat. 1, 2 oder 3 bei Einatmen, Aufnahme über die Haut oder Verschlucken sind
	**GHS 07 „Ausrufezeichen“** Steht für: • Akute Toxizität, Kat. 4 (inhalativ, dermal, oral) • Hautreizung, Kat. 2 • Augenreizung, Kat. 2 • Reizung der Atemwege • Betäubende Wirkung • Hautsensibilisierung, Kat. 1, Unterkat. 1A oder 1B • Ozonschicht schädigender Stoff, Kat. 1
	**GHS 08 „Gesundheitsgefahr“** Kennzeichnet Stoffe oder Gemische, von denen chronische Gesundheitsgefahren ausgehen: • Karzinogenität, Kat. 1A, 1B oder 2 • Reproduktionstoxizität, Kat. 1A, 1B oder 2 • Keimzellmutagenität, Kat. 1A, 1B oder 2 • Aspirationsgefahr, Kat. 1 • Sensibilisierung der Atemwege, Kat. 1, Unterkat. 1A oder 1B • Spezifische Zielorgan-Toxizität bei einmaliger oder wiederholter Exposition, Kat. 1 oder 2
	**GHS 09 „Umwelt“** Kennzeichnet: Gewässergefährdende Stoffe, Akut 1 oder Chronisch 1 oder Chronisch 2

Merke:

Auf der Kennzeichnung darf nur ein Signalwort stehen: entweder „Gefahr“ oder „Achtung“!

Beispiel für die Verwendung der Signalworte „Gefahr“ und „Achtung“

Das Piktogramm GHS 02 (Flamme) in Kombination mit dem Signalwort „Gefahr“ kennzeichnet die extrem entzündbaren und leicht entzündbaren Flüssigkeiten. In Kombination mit dem Signalwort „Achtung“ steht das Piktogramm dagegen für die entzündbaren Flüssigkeiten, die einen höheren Flammpunkt besitzen (und somit eine niedrigere Gefahr darstellen).

Kodierung der Gefahrenklasse und -kategorie

In Anhang VI der CLP-Verordnung werden die harmonisierten Einstufungen mithilfe von Einstufungscodes – Abkürzungen für Gefahrenklassen und Gefahrenkategorien – angegeben. Mit ihnen ist eine kurze, aber prägnante Bezeichnung der Gefahr, die durch den Stoff bzw. das Gemisch ausgeht, möglich.

Dieser sogenannte Gefahrencode ist in englischer Sprache im Sicherheitsdatenblatt zu finden.

Beispiele für Gefahrencodes

- „Carc. 1“ für Karzinogenität, Kat. 1
- „Flam. Liq. 2“ für Entzündbare Flüssigkeit, Kat. 2
- „Aquatic Acute 1“ für Akut gewässergefährdend, Kat. 1

Insgesamt gibt es mehr als 30 unterschiedliche Gefahrenklasse- und Gefahrenkategorie-Codes. Eine tabellarische Auflistung der Gefahrencodes mit Erläuterung finden Sie im *Anhang 1* dieses Buchs.

Die Autoren empfehlen, neben den H-Sätzen die Gefahrencodes zusätzlich ins Gefahrstoffverzeichnis aufzunehmen. Der Gefahrencode „Acute Tox. 1“ („Akut toxisch, Kategorie 1“) ist wesentlicher aussagekräftiger als die Angabe „H300“. Die Gefährdung lässt sich aus dem Gefahrencode viel leichter herauslesen als aus der nummerischen Angabe des H-Satzes.

Die hier vorgenommene Beschreibung der Einstufungs- und Kennzeichnungselemente kann nur die wesentlichen Punkte aufgreifen. Für die ausführliche Darstellung wird auf die CLP-Verordnung im Original verwiesen.

3.5 Einstufung von Gemischen

Bei der Einstufung von Gemischen werden einige Grundprinzipien angewandt, die hier im Überblick beschrieben werden:

- Die physikalisch-chemischen Gefahren, die Gesundheitsgefahren und die Umweltgefahren werden getrennt voneinander und mit unterschiedlichen Methoden bewertet.
- Erst ab einer bestimmten Konzentration müssen die Einzelstoffe im Gemisch überhaupt berücksichtigt werden (Berücksichtigungsgrenzen).
- Zur Einstufung von Gemischen über die Inhaltsstoffe kommen zwei unterschiedliche Methoden zur Anwendung: Additivitäts- oder Summierungsmethode und Einzelstoffverfahren.
- Bei der Additivitäts- oder Summierungsmethode werden die Einflüsse aller Stoffe gemeinsam betrachtet und additiv bewertet. Dies wird z.B. bei akuter Toxizität, Ätzung/Reizung der Haut (Ausnahmen möglich), schwerer Augenschädigung/Augenreizung oder bei der Aspirationsgefahr angewandt.
- Beim Einzelstoffverfahren (nicht additives Verfahren) werden die Wirkungen der Inhaltsstoffe isoliert voneinander betrachtet. Dies wird z.B. bei CMR-Wirkung, Sensibilisierung der Atemwege und der Haut sowie Zielorgantoxizität angewandt.

Gemische müssen grundsätzlich selbst eingestuft werden, da die Eigenschaften und Mengenanteile der Stoffe im Gemisch die Gefahren des Gemisches ausmachen.

Das Verfahren zur Einstufung von Gemischen ist komplex und erfordert umfangreiche Kenntnisse und Erfahrungen.

3.6 Entstehende Gefahrstoffe

Neben Stoffen und Gemischen, die als gekennzeichnete Gefahrstoffe in den Handelsverkehr gelangen, gibt es auch Gefahrstoffe, die erst bei Tätigkeiten entstehen. So sind z.B. Stäube von Buchen- und Eichenhölzern als krebserzeugend eingestuft (siehe TRGS 553 „Holzstaub“). Sie entstehen beim

Schleifen, Fräsen und Sägen in Schreinereien, Tischlereien und in Möbelfabriken. Eichen- bzw. Buchenholz selbst ist jedoch nicht als Gefahrstoff eingestuft und braucht daher nicht gekennzeichnet werden. Analog gilt dies auch für Schweißrauche: Schweißelektroden selbst sind nicht gekennzeichnet. Die beim Schweißen entstehenden Schweißrauche enthalten jedoch Gase und Partikel, die der Gesundheit schaden (siehe TRGS 528 „Schweißtechnische Verfahren“).

Für diese beispielhaften Tätigkeiten sind ebenfalls Gefährdungsbeurteilungen nach Gefahrstoffverordnung durchzuführen (→ auch *Kapitel 1 „Vorgehensweise bei der Gefährdungsbeurteilung“*).

3.7 Harmonisierte Einstufung und Selbsteinstufung

Die harmonisierte Einstufung ist nur für Stoffe verbindlich anzuwenden. Sie bezieht sich insbesondere auf Stoffe, die nach der CLP-Verordnung als krebserzeugend, keimzellmutagen oder reproduktionstoxisch der Kategorien 1A oder 1B oder sensibilisierend für die Atemwege eingestuft sind.

Auch Stoffe, die in den Geltungsbereich der Biozidverordnung oder der Pflanzenschutzverordnung fallen, unterliegen der harmonisierten Einstufung; auf die Biozid- und die Pflanzenschutzverordnung soll hier nicht näher eingegangen werden.

Eine Tabelle mit den Stoffen, die harmonisiert eingestuft sind, findet sich im Anhang VI der CLP-Verordnung. Sie wird regelmäßig an den technischen Fortschritt durch Veröffentlichung (ATP) angepasst.

Kapitel 4
Informationen über Gefahrstoffe

4.1 Einleitung

Informationen über Gefahrstoffe lassen sich im Internet in vielen Datenbanken finden sowie auch in Büchern, Zeitschriften, bei den gesetzlichen Unfallversicherungsträgern und natürlich auch beim Hersteller eines gefährlichen Stoffes oder Gemisches. Letzterer ist verpflichtet, ein Sicherheitsdatenblatt nach der REACH-Verordnung zu erstellen. Dieses ist das zentrale Informationsmedium für gefährliche Stoffe und Gemische innerhalb der gewerblichen Lieferkette. Es soll beruflichen Anwendern Empfehlungen für die notwendigen Maßnahmen geben, um den Gesundheits- und Umweltschutz sicherzustellen. Private Endverbraucher hingegen haben keinen Anspruch auf Sicherheitsdatenblätter. Da das Sicherheitsdatenblatt sich im Laufe der letzten Jahre als die wichtigste Informationsquelle etabliert hat, wird in diesem Kapitel ausführlich darauf eingegangen, insbesondere darauf, welche Informationen im Sicherheitsdatenblatt für die Gefährdungsbeurteilung relevant sind.

4.2 Sicherheitsdatenblatt

4.2.1 Gesetzliche Rahmenbedingungen

Das Sicherheitsdatenblatt ist eine Vorgabe der EU, d.h., alle EU-Mitgliedsstaaten sind zur Erstellung eines Sicherheitsdatenblattes für gefährliche Stoffe/Gemische verpflichtet. Über viele Jahre wurde diese Verpflichtung durch eine EU-Richtlinie festgelegt (Richtlinie 91/155/EWG).

Mit der REACH-Verordnung von 2006 wurden in Artikel 31 in Verbindung mit Anhang II die Regelungen zum Sicherheitsdatenblatt neu gefasst. Anhang II wurde in den vergangenen fünfzehn Jahren mehrfach aktualisiert (u.a. wegen des Inkrafttretens der CLP-Verordnung). Die letzte Änderung erfolgte im Juni 2020 durch die Verordnung (EU) 2020/878; diese ist am 1. Januar 2021 in Kraft getreten. Sicherheitsdatenblätter, die dem neuen Anhang dieser Verordnung nicht entsprechen, dürfen nur noch bis zum 31. Dezember 2022 zur Verfügung gestellt werden.

4.2.2 Formale Anforderungen an das Sicherheitsdatenblatt

Auch wenn Inhalte wichtiger sind als formale Anforderungen, so müssen doch die grundsätzlichen Vorgaben erfüllt sein. Diese Anforderungen sollte ein Anwender von Gefahrstoffen kennen:

1. Der Hersteller oder Lieferant eines gefährlichen Stoffes oder Gemisches muss dem Abnehmer ein Sicherheitsdatenblatt zur Verfügung stellen, das alle auf das Sicherheitsdatenblatt bezogenen Bestimmungen der REACH-Verordnung erfüllt.
   Das bedeutet:
2. Das Sicherheitsdatenblatt muss dem Abnehmer spätestens mit dem Stoff oder Gemisch zugestellt werden, wobei dies als Papierversion oder in elektronischer Form geschehen kann.

Merke:

Die Bereitstellung der Sicherheitsdatenblätter lediglich auf einer Internet-Plattform ist nicht ausreichend, während das Zuschicken einer DVD mit allen Sicherheitsdatenblättern eines Herstellers wiederum erlaubt ist.

3. Das Sicherheitsdatenblatt muss in der Amtssprache des Landes verfasst sein, in das der gefährliche Stoff oder das gefährliche Gemisch geliefert wird, in Deutschland also in Deutsch.
4. Selbstverständlich hat die Lieferung kostenfrei zu erfolgen.
5. Das Sicherheitsdatenblatt muss 16 **Abschnitte** haben, deren Reihenfolge zwingend festgelegt ist.

Die 16 Abschnitte des Sicherheitsdatenblattes nach Anhang II der REACH-Verordnung

1. Bezeichnung des Stoffes bzw. des Gemisches und des Unternehmens
2. Mögliche Gefahren
3. Zusammensetzung/Angaben zu Bestandteilen
4. Erste-Hilfe-Maßnahmen
5. Maßnahmen zur Brandbekämpfung
6. Maßnahmen bei unbeabsichtigter Freisetzung
7. Handhabung und Lagerung
8. Begrenzung und Überwachung der Exposition/Persönliche Schutzausrüstungen

9. Physikalische und chemische Eigenschaften
10. Stabilität und Reaktivität
11. Toxikologische Angaben
12. Umweltbezogene Angaben
13. Hinweise zur Entsorgung
14. Angaben zum Transport
15. Rechtsvorschriften
16. Sonstige Angaben

6. Weitere wichtige formale Anforderungskriterien sind die Angabe von
   a. Erstelldatum,
   b. Überarbeitungsdatum (Es müssen die Überarbeitungs- bzw. Fassungsnummer angegeben sowie die Abschnitte markiert sein, deren Inhalte geändert wurden.),
   c. Druckdatum (optional) und
   d. Seitennummerierung.
7. Aus der Kopfzeile soll der Anwender erkennen können, ob die Erstellung des Sicherheitsdatenblattes nach der aktuellen Vorschrift erfolgt ist.

Merke:

Das Druckdatum darf nicht mit dem Erstell- oder Überarbeitungsdatum verwechselt werden.

Eine optimale Angabe in der Kopfzeile eines Sicherheitsdatenblattes zeigt *Abbildung 4*.

D

Seite 1 von 14
Sicherheitsdatenblatt gemäß Verordnung (EG) Nr. 1907/2006, Anhang II
Überarbeitet am / Version: 12.08.2021 / 0004
Ersetzt Fassung vom / Version: 09.08.2019 / 0003
Tritt in Kraft ab: 12.08.2021
PDF-Druckdatum: 12.08.2021
Isopropylalkohol (Isopropanol)

Abb. 4: *Musterbeispiel für die Kopfzeile im Sicherheitsdatenblatt*

4.2.3 Die wichtigsten Inhalte des Sicherheitsdatenblattes

Fast alle Abschnitte des Sicherheitsdatenblattes geben wichtige Informationen für die Gefahrdungsbeurteilung wieder; darauf wird in der TRGS 400 Nummer 5.1 Abschnitt 1 hingewiesen.

Es sollen hier nicht alle Angaben, die im Sicherheitsdatenblatt zu finden sind, erläutert werden. Hierzu gibt es vertiefende Literatur[1]. Im Folgenden werden die Abschnitte und Sachverhalte thematisiert, die ein Fachkundiger für die Erstellung einer Gefährdungsbeurteilung kennen sollte. Daher interessieren hier nicht die Anforderungen an die Erstellung des Sicherheitsdatenblattes, sondern nur die im Sicherheitsdatenblatt vorhandenen Informationen, die für die Erstellung einer Gefährdungsbeurteilung wichtig sind.

Merke:

Viele Produkte werden als Nanomaterialien hergestellt. Da Nanomaterialien in vielen Fällen spezifische oder von der Grobfraktion abweichende toxikologische Eigenschaften haben können, ist nicht auszuschließen, dass von der Nanoform zusätzliche oder andere Risiken ausgehen als bei der Anwendung gröberen Materials. Daher ist für die Nanofraktionen eine spezifische Risikobewertung mit entsprechenden Risikomanagementmaßnahmen erforderlich. Diese finden durch die Verordnung (EU) 2018/1881 Berücksichtigung. Diese Verordnung ändert etliche Anhänge der REACH-Verordnung und damit auch Anforderungen an das Sicherheitsdatenblatt. Mit der Anpassung der Sicherheitsdatenblätter an Nanomaterialien muss künftig in jedem einschlägigen Abschnitt angegeben werden, ob die Informationen auch für Nanoformen gelten, und falls ja für welche.

■ Abschnitt 1

Abschnitt 1 enthält alle Angaben über den Produktnamen und die Identifizierung des Produktes sowie Angaben zum Hersteller.

[1] siehe z.B. G. Janssen, Das Sicherheitsdatenblatt nach REACH, ecomed-Storck GmbH, Landsberg, verschiedene Auflagen

Die wichtigsten Angaben in Abschnitt 1

Stoffname und Hersteller
• Stoffname = Produktidentifikator – muss mit Angaben auf dem Kennzeichnungsetikett übereinstimmen – Registrierungsnummer, falls Stoff registrierungspflichtig und registriert – relevante Verwendungen: „Was macht man damit?" – Verwendungen, von denen abgeraten wird • Hersteller – Name und Adresse – Ersteller des Sicherheitsdatenblattes – Notrufnummern

Der Name eines Stoffes oder eines Gemisches wird als Produktidentifikator bezeichnet, ein zunächst etwas gewöhnungsbedürftiger Begriff.

Zu dem Produktidentifikator gehören neben dem Namen folgende Nummern:

- Registrierungsnummer, sofern ein Stoff registrierungspflichtig ist.
- Identifikationsnummer; diese kann sein
  - Index-Nummer,
  - EG-Nummer: EINECS, ELINCS, NLP und
  - CAS-Nummer.
- Bei Gemischen unter bestimmten Voraussetzungen der eindeutige Rezepturidentifikator, kurz UFI-Code, der bei allen Produkten, die gefährliche Gemische enthalten, auf das Etikett gedruckt oder darauf angebracht werden muss (→ auch *Kapitel 3.4 „Kennzeichnung nach CLP-Verordnung"*).

Erläuterung zu den Produktidentifikatoren

Registrierungsnummer: Alle Stoffe, die in der EU pro Jahr und Hersteller in Mengen größer als eine Tonne hergestellt werden, müssen bei der ECHA registriert werden. Anhand der Nummer kann man erkennen, ob ein Stoff tatsächlich registriert wurde. Fehlt die Registrierungsnummer, so bedeutet das, dass der Stoff entweder nicht registriert wurde oder dass der Stoff unter der oben genannten Mengenschwelle hergestellt wird.

Index-Nummer: Die EG-Index-Nummer ist ein Identifizierungs-Code für einen bestimmten Gefahrstoff. Er ist nicht mit den EG-Nummern zu verwechseln, hat aber wie diese einen systematischen Aufbau, und zwar: xxx-xxx-xx.x

Die ersten drei Stellen geben die Ordnungszahl des die Gefahr bestimmenden Elements an.

Die nächsten drei Stellen sind eine laufende Nummer und zufällig. Die darauf folgenden Nummern dienen zur Unterscheidung zweier Verbindungen, falls die ersten 6 Ziffern identisch sind; sie lauten meist 00 oder 01. Die letzte Zahl ist eine Prüfnummer.

Von diesem System sind die organischen Kohlenstoffverbindungen wegen ihrer großen Anzahl von Stoffen ausgenommen. Statt 006 (Ordnungszahl für Kohlenstoff) werden die Zahlen 601 bis 607 genommen, denen bestimmte Stoffgruppen der organischen Chemie zugeordnet werden.

EINECS: Dies ist die Abkürzung für „European Inventory of Existing Commercial Chemical Substances“. Im EINECS-Verzeichnis sind alle sogenannten Altstoffe enthalten, also Stoffe, die schon vor 1981 auf dem Markt waren, oftmals aber nicht hinreichend untersucht waren. Die EINECS-Nummern beginnen mit 200-001-8 (Formaldehyd). Dieses Verzeichnis hat über 100.000 Einträge.

ELINCS: Dies ist die Abkürzung für „European List of Notified Chemical Substances“. Im ELINCS sind alle Neustoffe verzeichnet, also Stoffe, die seit 1981 in Verkehr gebracht worden sind. ELINCS-Nummern beginnen mit 400-010-9. Dieses Unterverzeichnis hat über 4000 Einträge.

NLP: Die Abkürzung steht für „No-Longer Polymer“. NLP-Nummern beginnen mit 500-001-0. Dieses Unterverzeichnis hat über 700 Einträge.

CAS-Nummer: CAS bedeutet „Chemical Abstracts Service“. CAS-Nummern werden von der American Chemical Society schon seit 1965 vergeben, da ein Stoff viele Trivialnamen bzw. Synonyme haben und daher die klare Identifizierung unsicher sein kann. Es gibt mittlerweile über 100 Millionen verschiedener Stoffe mit einer CAS-Nummer. Diese ist immer eindeutig einem Stoff zugeordnet. CAS-Nummern bestehen aus 3 Zahlen mit einer unterschiedlichen Anzahl von Ziffern, wobei die erste Zahl bis zu 7 Ziffern enthalten kann. Die zweite Zahl hat 2 Ziffern und die letzte Zahl ist eine Prüfnummer. Die CAS-Nummer ist sehr hilfreich bei der eindeutigen Suche nach einem Stoff.

■ Abschnitt 2

Die Angaben in diesem Abschnitt beschreiben die Gefahren, die von dem Stoff oder Gemisch ausgehen.

Die wichtigsten Angaben in Abschnitt 2

Mögliche Gefahren
• Einstufung des Stoffes/Gemisches – Gefahrenklasse- und Gefahrenkategorie-Codes – H-Sätze • Kennzeichnung – Piktogramme – Signalwort – H-Sätze – P-Sätze • Sonstige Gefahren

Es sind die intrinsischen Eigenschaften des Stoffes angegeben. Seit 1. Juni 2015 dürfen in neu erstellten Sicherheitsdatenblättern nur noch die Einstufungen nach CLP-Verordnung angegeben werden.

Im Abschnitt 2 wird unterschieden zwischen der Einstufung des Stoffes bzw. des Gemisches und seiner Kennzeichnung.

Zur Einstufung gehören zwingend die Gefahrenklasse- und Gefahrenkategorie-Codes, die in Englisch angegeben werden, sowie die H-Sätze. Nicht dazu gehören die P-Sätze und die Angabe des Signalwortes.

Die Kennzeichnung besteht aus Gefahrenpiktogramm, Signalwort sowie H- und P-Sätzen.

Bei der Kennzeichnung dürfen die Piktogramme wiedergegeben werden. Dies ist aber ebenso wenig zwingend wie der Text der H- und P-Sätze. Für alle H- und P-Sätze, die im Sicherheitsdatenblatt Erwähnung finden, muss allerdings der entsprechende Wortlaut in Abschnitt 16 des Sicherheitsdatenblattes aufgeführt sein.

■ Abschnitt 3

Im Abschnitt 3 ist die Zusammensetzung eines Gemisches angegeben.

Je nach Anzahl der im Gemisch enthaltenen Stoffe kann dies schon einmal eine Seite ausfüllen, da alle Stoffe eines Gemisches, die die in der Tabelle aufgeführten Berücksichtigungsgrenzwerte überschreiten, auch angegeben, also berücksichtigt werden müssen. Für jeden dieser Stoffe sind zudem detaillierte Angaben erforderlich. Neben den Gefahrenklasse- und Gefahrenkategorie-Codes sind das die genauen Gewichts- und Volumenprozente oder Gewichts- und Volumenbereiche jedes Stoffes oberhalb der Berücksichtigungsgrenzen.

Berücksichtigungsgrenzwerte nach REACH-Verordnung Anhang II Unterabschnitt 3.2.1

1.1. Gefahrenklasse und -kategorie	Konzentrationsgrenzwert in %
Akute Toxizität, Kategorien 1, 2 und 3	≥ 0,1
Akute Toxizität, Kategorie 4	≥ 1
Ätz-/Reizwirkung auf die Haut, Kategorien 1, 1A, 1B, 1C und 2	≥ 1
Schwere Augenschädigung/Augenreizung, Kategorien 1 und 2	≥ 1
Sensibilisierung der Atemwege/Haut, Kategorie 1 oder 1B	≥ 0,1
Sensibilisierung der Atemwege/Haut, Kategorie 1A	≥ 0,01
Keimzellmutagenität, Kategorien 1A und 1B	≥ 0,1
Keimzellmutagenität, Kategorie 2	≥ 1
Karzinogenität, Kategorien 1A, 1B und 2	≥ 0,1
Reproduktionstoxizität, Kategorien 1A, 1B und 2, sowie Wirkungen auf/über Laktation	≥ 0,1
Spezifische Zielorgan-Toxizität (einmalige Exposition), Kategorien 1, 2 und 3	≥ 1
Spezifische Zielorgan-Toxizität (wiederholte Exposition), Kategorien 1 und 2	≥ 1
Aspirationsgefahr	≥ 1

Akut gewässergefährdend, Kategorie 1	$\geq 0{,}1$
Chronisch gewässergefährdend, Kategorie 1	$\geq 0{,}1$
Chronisch gewässergefährdend, Kategorien 2, 3 und 4	≥ 1
Schädigt die Ozonschicht	$\geq 0{,}1$

Werden lediglich Angaben zu Volumen- oder Gewichtsbereichen gemacht – dies ist der „Normalfall" –, so kann die Summe aller Bestandteile 100 % überschreiten, da jeweils die höhere Zahl für die Einstufung des Gemisches herangezogen wird. Auf der anderen Seite kann auch die Summe aller Bestandteile weniger als 100 % betragen. Hier sollte ein Hinweis im Sicherheitsdatenblatt zu finden sein, dass die übrigen Bestandteile keine gefährlichen Stoffe sind.

Die wichtigsten Angaben in Abschnitt 3

Zusammensetzung

- Angaben aller gefährlichen Bestandteile oberhalb der Berücksichtigungsgrenzwerte
- Genaue Angaben von Gewichts- oder Volumenprozent in abnehmender Reihenfolge oder
- Bereiche von Gewichts- oder Volumenprozent in abnehmender Reihenfolge
- Für alle anzugebenden Stoffe
  - Gefahrenklasse- und Gefahrenkategorie-Codes
  - H-Sätze

■ Abschnitte 4 bis 7

Diese Abschnitte beschreiben Maßnahmen, die möglicherweise angewendet werden müssen (je nach Ergebnis der Gefährdungsbeurteilung). In der Regel werden sämtliche potenzielle Maßnahmen genannt, die in Frage kommen und geeignet sind.

In Abschnitt 4 werden die Erste-Hilfe-Maßnahmen für die jeweiligen Expositionswege beschrieben. Diese sind für die meisten gefährlichen Stoffe und Gemische nahezu gleich und im Allgemeinen auch bekannt. Das Augenmerk sollte insbesondere auf den verzögert auftretenden Symptomen und Wirkungen liegen, da bis zu 24 Stunden zwischen Aufnahme eines Gefahrstoffes und erkennbaren Wirkungen liegen können (sogenannte „Latenzzeit").

Die wichtigsten Angaben in Abschnitt 4

Erste-Hilfe-Maßnahmen
• Maßnahmen nach Expositionswegen – Verschlucken – Einatmen – Berühren mit der Haut • Akut oder verzögert auftretende Symptome • Hinweise für den Arzt

In Abschnitt 5 werden z.B. alle geeigneten sowie auch die ungeeigneten Löschmittel aufgeführt. Während von den ungeeigneten Löschmitteln im Fall eines Brands bei Tätigkeiten mit diesem Stoff bzw. Gemisch keines in Frage kommt, muss der Anwender bei den geeigneten Löschmitteln auswählen. Diese Löschmittel sollten dann in der Gefährdungsbeurteilung unter „Brandschutzmaßnahmen" dokumentiert werden.

Die wichtigsten Angaben in Abschnitt 5

Maßnahmen zur Brandbekämpfung
• Anzugebende Löschmittel – geeignet – nicht geeignet • Besondere Gefahren wie Entstehen giftiger Dämpfe • Hinweise für Brandbekämpfung

Auch die Angaben in den Abschnitten 6 und 7 können sehr umfassend und ausführlich sein. Sie sind in jedem Fall eine gute Information für den Anwender, der sich Gedanken machen muss, was bei unbeabsichtigter Freisetzung sowie bei der Handhabung und Lagerung zu tun ist.

Die wichtigsten Angaben in Abschnitt 6

Maßnahmen bei unbeabsichtigter Freisetzung
• Personenbezogene Maßnahmen – nicht geschultes Personal – Einsatzkräfte • Umweltmaßnahmen • Methoden und Material für Rückhaltung und Reinigung

Die wichtigsten Angaben in Abschnitt 7

Handhabung und Lagerung

- Schutzmaßnahmen zur sicheren Handhabung
  - Hinweise auf Ess- und Trinkverbote
  - Hygienemaßnahmen
- Schutzmaßnahmen zur sicheren Lagerung
  - Vermeiden von Risiken
  - Beachten von Umgebungsbedingungen
  - Einsatz von Mitteln zur Stabilisierung
  - Lüftungsmaßnahmen
  - Verpackung

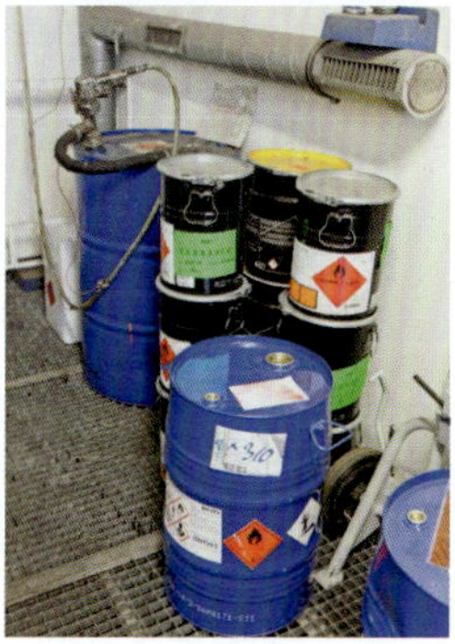

■ Abschnitt 8

Abschnitt 8 gliedert sich im Prinzip in die folgenden zwei Teile:

- Grenzwerte: „zu überwachende Parameter“ und
- persönliche Schutzausrüstung.

Die wichtigsten Angaben in Abschnitt 8

Exposition und PSA

- Zu überwachende Parameter
  - Stoffe mit AGW und BGW
    Diese sowie andere nationale Grenzwerte sind immer anzugeben.
  - DNEL und PNEC
    Wenn Stoffsicherheitsbericht erforderlich, sind DNEL und PNEC anzugeben.
- PSA
  - Augen- und Gesichtsschutz
  - Hautschutz
  - Atemschutz
  - Schutz gegen thermische Gefahren

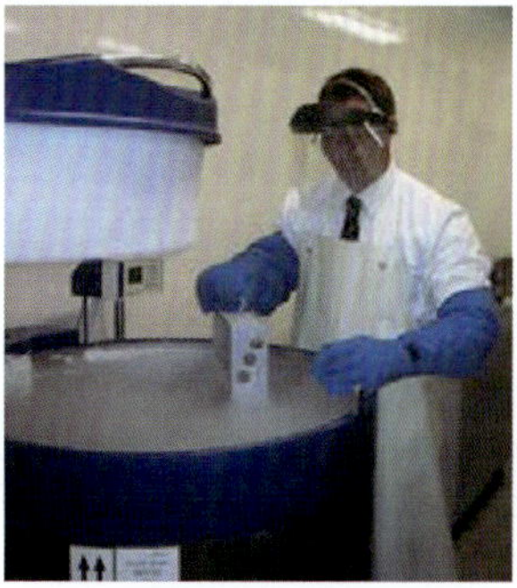

Vor allem der erste Teil dieses Abschnittes (zu überwachende Parameter) hat seit Inkrafttreten von REACH eine bemerkenswerte Ausweitung erfahren. Hier müssen angegeben sein:

- alle nationalen Arbeitsplatzgrenzwerte mit der jeweiligen Rechtsgrundlage. In Deutschland sind dies die AGW aus der TRGS 900, die in der TRGS 910 bekannt gemachten Akzeptanz- und Toleranzkonzentrationen, die Grenzwerte in stoffspezifischen TRGS sowie Beurteilungsmaßstäbe, die vom BMAS bekannt gegeben werden, beispielsweise für Quarz-Feinstaub.
- alle nationalen Biologischen Grenzwerte. In Deutschland sind dies die BGW aus der TRGS 903.
- alle DNEL und PNEC.

Informationen zu den unterschiedlichen Grenzwerten → *Kapitel 8 „Expositionsbegrenzung und Grenzwerte“*.

Merke:

DNEL und PNEC müssen immer angegeben sein, wenn für den Stoff ein Stoffsicherheitsbericht vorliegt. Dies ist dann der Fall, wenn der Stoff ein Gefahrstoff ist und in Mengen von mehr als 10 Tonnen im Jahr hergestellt wird.

Bei einem Gemisch sind die „zu überwachenden Parameter“ für alle Stoffe im Gemisch genannt. *Abbildung 5* gibt ein Beispiel:

Zusätzlich zu den Grenzwerten sind in diesem Abschnitt Maßnahmen beschrieben, wie eine Exposition begrenzt werden kann. Die Informationen zur Expositionsbegrenzung ergänzen die in Abschnitt 7 aufgeführten Maßnahmen.

Zu den persönlichen Schutzmaßnahmen sind Angaben zum

- Augen- und Gesichtsschutz,
- Hautschutz,
- Atemschutz sowie zum
- Schutz gegen thermische Gefahren

zu finden.

Die Ausführungen müssen konkret sein, d.h., es muss z.B. beim Hautschutz genau angegeben sein, aus welchem Handschuhmaterial die Schutzhandschuhe bestehen müssen, welche Dicke das Material haben muss und wie hoch die Durchbruchzeit ist. Aussagen wie „geeignet“ sind nicht erlaubt. Auch bei dem Atemschutz sollten die Filtertypen und ggf. Maskentypen klar angegeben sein. Allgemeinplätze wie „Atemschutz verwenden“ oder „geeigneten Atemschutz bereitstellen“ sind völlig unzulänglich. Denn: Was bedeutet z.B. im konkreten Fall „geeignet“? Es ist Aufgabe des Sicherheitsdatenblattes, Sie als Anwender aufzuklären und nicht, Ihnen Recherchearbeit aufzugeben.

D	Chem. Bezeichnung	2-Propanol		%Bereich: 80-100
AGW: 200 ppm (500 mg/m^3)			Spb.-Üf.: 2(II)	---
Überwachungsmethoden		• Compur - KITA-122 SA(C) (549 277) • Compur - KITA-150 U (550 382) • Draeger - Alcohol 25/a i-Propanol (81 01 631) DFG (D) (Loesungsmittelgemische), DFG (E) (Solvent mixtures 6) - 1998, 2002 • EU project BC/CEN/ENTR/00/2002-16 card 66-3 (2004) • BIA 84[illegible] (2-Propanol) - 1997 • Draeger - Alcohol 25/a - 1997 • Draeger - Alcohol 100/a (CH 29 701)		
BGW: 25 mg/l (Aceton, Vollblut, Urin, b)			Sonstige Angaben: DFG, Y	

2-Propanol

Anwendungsgebiet	Expositionsweg/ Umweltkompartiment	Auswirkung auf die Gesundheit	Deskriptor	Wert	Einheit	Bemerkung
Arbeiter/Arbeitnehmer	Mensch – dermal	Langzeit	DNEL	888	mg/kg	(1 d)
Arbeiter/Arbeitnehmer	Mensch – Inhalation	Langzeit	DNEL	500	mg/m^3	
Verbraucher	Mensch – dermal	Langzeit	DNEL	319	mg/kg	(1 d)
Verbraucher	Mensch – Inhalation	Langzeit	DNEL	89	mg/m^3	
Verbraucher	Mensch – oral	Langzeit	DNEL	26	mg/kg	(1 d)
	Umwelt – Süßwasser		PNEC	140,9	mg/l	
	Umwelt – Meerwasser		PNEC	140,9	mg/l	
	Umwelt – Sediment Süßwasser		PNEC	552	mg/kg	
	Umwelt – Sediment Meerwasser		PNEC	552	mg/kg	
	Umwelt – Boden		PNEC	28	mg/kg	

Abb. 5: *Beispiel – Angaben zu Grenzwerten im Sicherheitsdatenblatt*

Die wichtigsten Angaben zum Haut- und Atemschutz

PSA im Sicherheitsdatenblatt

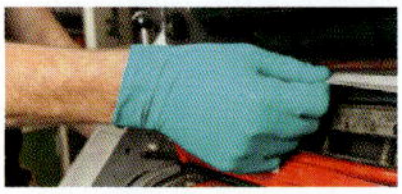

- Hautschutz – Handschuhe
  - Art des Materials und Materialstärke
  - Durchbruchzeit des Handschuhmaterials
- Atemschutz
  - Atemschutzmaske mit Filter/Maske
  - ggf. umluftunabhängiger Atemschutz

Konkrete Angaben erforderlich!

■ Abschnitt 9

Dieser Abschnitt wird sehr häufig nicht beachtet, obwohl gerade in diesem mit den physikalisch-chemischen Eigenschaften sehr wichtige Angaben für die Gefährdungsbeurteilung stehen. Die Bedeutung der physikalisch-chemischen Eigenschaften sowie ihre Relevanz für die Gefährdungsbeurteilung werden im *Kapitel 5 „Sicherheitstechnische Kennzahlen“* ausführlich erläutert.

Die wichtigsten Angaben in Abschnitt 9

Physikalisch-chemische Eigenschaften

Folgende Angaben sind erforderlich:

- Aussehen
- Aggregatzustand
- Geruch
- pH-Wert
- Siedepunkt/Siedebereich
- Flammpunkt
- Entzündlichkeit
- Explosionsgefahr/UEG, OEG
- Brandfördernde Eigenschaften
- Dampfdruck
- Relative Dichte
- Löslichkeit/Wasserlöslichkeit/ n-Octanol-Wasser-Verteilungskoeffizient
- Viskosität
- Relative Dampfdichte
- Verdampfungsgeschwindigkeit
- Partikeleigenschaften

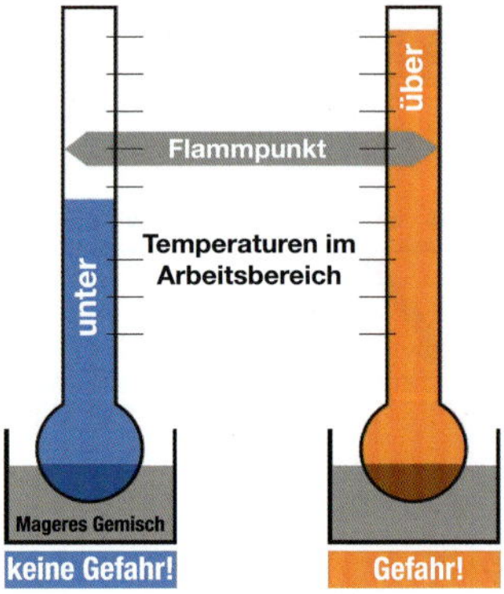

■ Abschnitt 10

In Abschnitt 10 sind Angaben aufgeführt, wie der Stoff/das Gemisch mit anderen Stoffen sowie den Umgebungsbedingungen reagieren kann.

Auch dieser Abschnitt wird in der Regel selten betrachtet, obwohl die Angaben zu Stabilität und Reaktivität gerade für die Gefährdungen und damit ihre Beurteilung von Bedeutung sein können. Daher werden die im Abschnitt 10 enthaltenen Angaben genauer erläutert.

Die wichtigsten Angaben in Abschnitt 10

Stabilität und Reaktivität	
Angaben zu: • Reaktivität • Möglichkeit gefährlicher Reaktionen • Unverträgliche Materialien	• Chemische Stabilität • Zu vermeidende Bedingungen • Gefährliche Zersetzungsprodukte

Reaktivität

Reaktivität bei Chemikalien ist eine im Prinzip positive Eigenschaft. Würden chemische Elemente nicht miteinander reagieren, so könnten keine neuen Verbindungen entstehen. Aber es gibt natürlich auch unerwünschte Reaktionen, die oft heftig verlaufen können und mit Wärmebildung verbunden sind.

Diese Reaktionen müssen hier beschrieben sein, z.B.: „Reagiert mit starken Oxidationsmitteln und Reduktionsmitteln und heftiger Wärmeentwicklung" oder: „Reagiert mit Wasser unter Bildung von brennbaren Gasen". Bei organischen Lösemitteln ist der Satz „Dämpfe können mit Luft ein explosionsfähiges Gemisch bilden." fast obligatorisch. Manche dieser Eigenschaften kann man bereits an den aufgeführten Gefahrenklassen in Abschnitt 2 erkennen. Trotzdem müssen diese Angaben auch in Abschnitt 10 aufgeführt sein.

Stabilität

Nicht alle chemischen Verbindungen sind stabil. Insbesondere bei erhöhten Temperaturen können sich organische Verbindungen sehr leicht zersetzen. Diese insbesondere für die Lagerung wichtige Information findet sich in diesem Unterabschnitt.

Eine oft gelesene Angabe ist: „Keine Zersetzung bei bestimmungsgemäßer Lagerung und Handhabung". In diesen Fällen sollte man zu Abschnitt 7 gehen und sich die empfohlenen Lagerbedingungen anschauen (oftmals: „An einem kühlen Ort lagern“ oder „Lagertemperaturen zwischen 5 °C und 30 °C“). Diese Informationen sollten mit in die Gefährdungsbeurteilung für die Tätigkeit des Lagerns einfließen.

Mögliche gefährliche Reaktionen

Viele Hersteller listen in diesem Abschnitt eine Reihe von Chemikalien auf, mit welchen der Stoff oder das Gemisch gefährlich reagiert. Dies ist nicht unbedingt erforderlich, wenn unter „Reaktivität“ schon darauf hingewiesen wurde. Oftmals findet sich daher der Hinweis „siehe Reaktivität“, was in Ordnung ist.

Zu vermeidende Bedingungen

Zu diesem Aspekt sind ebenfalls schon Ausführungen im Abschnitt 7 zu finden. Oft stößt man hier auf Angaben wie z.B. „Hitze, Licht, Feuchtigkeit“.

Eine häufige Formulierung ist auch: „Keine bei bestimmungsgemäßer Verwendung“. Die Anforderung in der REACH-Verordnung für diesen Unterabschnitt lässt solch eine Aussage indirekt zu: „Es sind Bedingungen wie Temperatur, Druck, Licht, Erschütterung, statische Entladung, Schwingungen oder andere physikalische Belastungsgrößen, die zu einer gefährlichen Situation führen können, anzugeben“ (REACH-VO Anhang II Abschnitt 10.4). Das heißt, wenn es nicht zu einer gefährlichen Situation kommen kann, brauchen diese Angaben auch nicht vorhanden zu sein.

Unverträgliche Materialien

Hier sollten nur die Materialien aufgelistet sein, mit denen der Stoff/das Gemisch in der Praxis wirklich in Berührung kommen kann, z.B. verschiedene Kunststoffe oder Gummi. Angaben wie „starke Oxidationsmittel“ gehören eher in den Unterabschnitt „Reaktivität“. Keine gute, da zu allgemein gehaltene Formulierung ist: „Keine bei bestimmungsgemäßem Gebrauch“.

Gefährliche Zersetzungsprodukte

Ist in Unterabschnitt „Chemische Stabilität“ die Information gegeben, dass sich der Stoff/das Gemisch zersetzen kann, sollten hier die Zersetzungsprodukte zu finden sein. Denn von diesen können andere Gefahren ausgehen als von dem ursprünglichen Stoff/Gemisch.

Der Abschnitt 10 zeigt in guter Weise, dass die Gefährdungen nicht nur von den intrinsischen Eigenschaften eines Stoffes ausgehen können, sondern dass die Umgebungsbedingungen und die Tätigkeit entscheidende Faktoren sein können.

■ Abschnitt 11

In diesem Abschnitt finden Sie in einem richtig erstellten Sicherheitsdatenblatt sehr umfangreiche Daten zu den toxikologischen Wirkungen des Stoffes bzw. des Gemisches.

Die wichtigsten Angaben in Abschnitt 11

Toxikologische Eigenschaften
• Dokumentation der Ergebnisse von Tierversuchen zur Einstufung • In vielen Fällen aber auch textliche Beschreibungen von Schadensmöglichkeiten, betroffenen Organen etc. • Auch negative Erkenntnisse müssen aufgeführt werden.

Zu bestimmten Gefahrenklassen müssen immer Angaben vorhanden sein. Diese sind im folgenden *Kasten* aufgeführt:

Pflichtangaben nach REACH-Verordnung bei den Gefahrenklassen:

Akute Toxizität

Ätz-/Reizwirkung auf die Haut

Schwere Augenschädigung/-reizung

Sensibilisierung der Atemwege/Haut

Keimzellmutagenität

Karzinogenität

Reproduktionstoxizität

Spezifische Zielorgan-Toxizität bei einmaliger Exposition

Spezifische Zielorgan-Toxizität bei wiederholter Exposition

Aspirationsgefahr

Gibt es keine Daten zu einer Gefahrenklasse, so muss das aus dem Abschnitt klar hervorgehen. Wenn ein Stoff oder ein Gemisch nicht in einer der genannten Gefahrenklassen eingestuft ist, muss hier ein eindeutiger Hinweis sowie eine Begründung zu finden sein, warum dies nicht erfolgte. Gründe hierfür können z.B. fehlende oder nicht schlüssige Daten sein.

Fehlende Angaben haben auch Konsequenzen für die Gefährdungsbeurteilung, wie § 6 Absatz 14 der Gefahrstoffverordnung aufzeigt:

Folgen für die Gefährdungsbeurteilung bei fehlenden Prüfdaten

Liegen für Stoffe oder Gemische keine Prüfdaten oder entsprechende aussagekräftige Informationen zur akut toxischen, reizenden, hautsensibilisierenden oder keimzellmutagenen Wirkung oder zur spezifischen Zielorgan-Toxizität bei wiederholter Exposition vor, sind die Stoffe oder Gemische bei der Gefährdungsbeurteilung wie Stoffe der Gefahrenklasse Akute Toxizität (oral, dermal und inhalativ) Kategorie 3, Ätz-/Reizwirkung auf die Haut Kategorie 2, Sensibilisierung der Haut Kategorie 1, Keimzellmutagenität Kategorie 2 oder Spezifische Zielorgan-Toxizität, wiederholte Exposition (STOT RE) Kategorie 2 zu behandeln. (§ 6 Abs. 14 GefStoffV)

Am Beispiel der mutagenen Eigenschaften soll diese Regelung erläutert werden. Es gibt im Prinzip drei Möglichkeiten:

1. Der Stoff ist mutagen; dann sind entsprechende Angaben sowohl im Abschnitt 2 als auch im Abschnitt 11 zu finden.
2. Der Stoff ist nicht mutagen; entsprechende Untersuchungen legen dies nahe. Dann gibt es keine Angaben in Abschnitt 2. Es muss aber in Abschnitt 11 der Hinweis stehen, dass Studien keine mutagene Wirkung vermuten lassen.
3. Der Stoff ist nicht als mutagen eingestuft. Es gibt aber auch keine Informationen zur nichtmutagenen Eigenschaft in Abschnitt 11. Dieser Sachverhalt muss in Abschnitt 11 formuliert sein.

Für die Gefährdungsbeurteilung heißt das:

- Trifft Möglichkeit 1 oder 3 zu, so müssen Schutzmaßnahmen für die Vermeidung der mutagenen Wirkung ergriffen werden.
- Trifft Möglichkeit 2 zu, so sind keine entsprechenden Schutzmaßnahmen erforderlich.

Dies gilt entsprechend auch für die anderen Gefahrenklassen, die in § 6 Absatz 14 der Gefahrstoffverordnung (→ *obiger Kasten*) genannt sind.

■ Abschnitte 12 bis 15

Für den Fachkundigen, der die Gefährdungsbeurteilung erstellt, sind diese Abschnitte im Allgemeinen nicht von so großer Bedeutung. Dennoch können diese Informationen für den betrieblichen Alltag wichtig sein, etwa bei der Entsorgung oder dem Versand.

Hinweise für die Abschnitte 12 bis 15

Abschnitt und Überschrift		Hinweise
12	Umweltbezogene Angaben	Für die Sicherheit in der An-/Verwendung in der Regel nicht bedeutsam, wohl aber bei Fragen zur Lagerung größerer Mengen
13	Angaben zur Entsorgung	Meist nur Angaben zur behördlich korrekten Entsorgung, häufig Abfallschlüsselnummer, meist ohne Belang für die Entsorgung am Arbeitsplatz
14	Angaben zum Transport	Angaben für den gefahrgutrechtlichen Transport, interessant für Gefahrgutbeauftragte, falls Transport außerhalb des Betriebes erfolgt
15	Rechtsvorschriften	Informationen über einschlägige Rechtsvorschriften – auch nationale Bestimmungen; Angabe, ob Stoffsicherheitsbeurteilung durchgeführt wurde

■ Abschnitt 16

Dieser Abschnitt ist mit „Sonstige Angaben" betitelt. Er enthält

- Hinweise, welche Teile des Sicherheitsdatenblattes gegenüber der vorhergehenden Fassung geändert wurden, falls diese nicht anderweitig – z.B. durch Markierung der entsprechenden Passagen – kenntlich gemacht sind.
- Eine Legende der Abkürzungen und Akronyme. Oftmals ist die Liste fast 2 Seiten lang, und nicht alle erläuterten Abkürzungen sind auch im Sicherheitsdatenblatt zu finden. Der Grund hierfür ist, dass ein Hersteller die Liste oft so erstellt, dass sie für alle seine Sicherheitsdatenblätter gilt.

- Wichtige Literaturangaben und Datenquellen.
- Eine Liste aller H- und P-Sätze, die im Sicherheitsdatenblatt aufgeführt sind, mit vollständigem Wortlaut. Hierzu ist anzumerken: Es kommt nicht selten vor, dass Anwender die aufgeführten H-Sätze als Hinweis auf die gefährlichen Eigenschaften des Stoffes oder Gemisches ansehen. Dieses ist jedoch nicht der Fall. In diesem Abschnitt wird lediglich der vollständige Wortlaut der Sätze (noch einmal) aufgeführt.
- Hinweise auf die für Arbeitnehmer geeigneten Schulungen.

Die wichtigsten Angaben in Abschnitt 16

Sonstige Angaben
• Geänderte Passagen des Sicherheitsdatenblattes • Abkürzungen und Akronyme • Auch negative Erkenntnisse müssen aufgeführt werden. • Literaturangaben und Datenquellen • Text der im Sicherheitsdatenblatt erwähnten H- und P-Sätze • Hinweise auf die für Arbeitnehmer geeigneten Schulungen

4.3 Informationen aus anderen Quellen

Auch wenn das Sicherheitsdatenblatt (mittlerweile) eine gute Informationsquelle ist, die an erster Stelle steht, so sollten für die Gefährdungsbeurteilung auch weitere Daten herangezogen werden. Oftmals ist dies sogar erforderlich, wenn die Angaben im Sicherheitsdatenblatt für die Gefährdungsbeurteilung nicht ausreichend sind.

Die erforderlichen Informationen muss sich der Arbeitgeber beim Lieferanten holen. § 6 Absatz 2 der Gefahrstoffverordnung sagt hierzu:

Informationsbeschaffung

Der Arbeitgeber hat sich die für die Gefährdungsbeurteilung notwendigen Informationen beim Lieferanten oder aus anderen, ihm mit zumutbarem Aufwand zugänglichen Quellen zu beschaffen. Insbesondere hat der Arbeitgeber die Informationen zu beachten, die ihm nach Titel IV der Verordnung (EG) Nr. 1907/2006 zur Verfügung gestellt werden; dazu gehören Sicherheitsdatenblätter und die Informationen zu Stoffen oder Gemischen, für die kein Sicherheitsdatenblatt zu erstellen ist. Sofern die Verordnung

(EG) Nr. 1907/2006 keine Informationspflicht vorsieht, hat der Lieferant dem Arbeitgeber auf Anfrage die für die Gefährdungsbeurteilung notwendigen Informationen über die Gefahrstoffe zur Verfügung zu stellen. (§ 6 Abs. 2 GefStoffV)

Der Lieferant, der in der Gefahrstoffverordnung an erster Stelle genannt wird, wird im Allgemeinen darauf hinweisen, dass er die Informationen mit dem Sicherheitsdatenblatt geliefert hat. Es kann aber oft erforderlich sein, das eine oder andere Detail nachzufragen. Nachfragen sind ohnehin erforderlich bei unvollständigen oder falschen Angaben im Sicherheitsdatenblatt. Hierauf soll aber nicht näher eingegangen werden.

Als Zweites werden in der Verordnung andere, zugängliche Quellen für die Informationsermittlung genannt. Hier hilft natürlich das Internet, in dem u.a. eine Fülle von leicht zugänglichen Datenbanken zu finden ist.

Die Anforderungen aus der Gefahrstoffverordnung werden in der TRGS 400 konkretisiert. In Abschnitt 5.1 Absatz 7 der TRGS 400 sind die folgenden, ohne weiteres zugänglichen Informationsquellen aufgeführt:

1. Technische Regeln für Gefahrstoffe (TRGS) und Bekanntmachungen für Gefahrstoffe (BekGS) auf der Homepage der Bundesanstalt für Arbeitsschutz und Arbeitsmedizin (BAuA),
2. Kennzeichnungsetikett auf der Verpackung, Gebrauchsanweisungen, Technische Merkblätter, die aus Melde-, Risikobewertungs- oder Zulassungsverfahren gewonnene Erkenntnisse beschreiben,
3. branchen- oder tätigkeitsspezifische Hilfestellungen, z.B. Regeln und Informationen der Unfallversicherungsträger, Handlungsanleitungen zur guten Arbeitspraxis, Schutzleitfäden,
4. branchenbezogene Gefahrstoff- und Produktbewertungen der Unfallversicherungsträger, z.B. GISBAU Gefahrstoffinformationssystem der Berufsgenossenschaften der Bauwirtschaft, GisChem Gefahrstoffinformationssystem der Berufsgenossenschaft Rohstoffe und chemische Industrie und der BG Holz und Metall,
5. Stoffinformationen der Bundesländer und der Unfallversicherungsträger, z.B. GESTIS und andere Datenbanken des Institutes für Arbeitsschutz (IFA) der Deutschen Gesetzlichen Unfallversicherung (DGUV), Informationssystem für gefährliche Stoffe (IGS) des Landes Nordrhein-Westfalen, Gefahrstoffdatenbank der Länder (GDL),

6. Einfaches Maßnahmenkonzept Gefahrstoffe (EMKG) der BAuA, GESTIS-Stoffmanager der DGUV,
7. Stoffinformationen der Europäischen Chemikalienagentur ECHA.

Merke:

Es wird empfohlen, zunächst einmal auf der Homepage der BAuA zu schauen, ob es eine TRGS gibt, die ausreichend Informationen zu einem Stoff oder einer Tätigkeit enthält. Empfehlenswert ist auch, in einer der Datenbanken nach weiteren ergänzenden Informationen zu suchen.

Kapitel 5
Sicherheitstechnische Kennzahlen

Für die Gefährdungsbeurteilung von Tätigkeiten mit Gefahrstoffen spielen nicht nur mögliche toxische oder andere schädigende Eigenschaften der Stoffe eine Rolle, sondern auch physikalisch-chemische Eigenschaften, die z.B. das Freisetzungsverhalten der Stoffe beeinflussen.

Entsprechende Angaben finden sich im Sicherheitsdatenblatt im Abschnitt 9 „Physikalische und chemische Eigenschaften“ (zum Sicherheitsdatenblatt → *Kapitel 4 „Informationen über Gefahrstoffe*“). Nach der derzeit gültigen Verordnung (EU) 2020/878 sind in diesem Abschnitt über 20 Parameter zu nennen, wie z.B. Aggregatzustand, Dampfdruck oder Siedepunkt. Leider geben viele Hersteller hier nur einen Teil der notwendigen Informationen an, so dass gelegentlich mit Datenlücken zu rechnen ist.

Dessen ungeachtet sind viele dieser Parameter wertvolle Hilfen bei der Gefährdungsbeurteilung. In diesem Kapitel werden die Kennzahlen, die für die Gefährdungsbeurteilung wichtig sind, vorgestellt und besprochen. Eine vollständige Beschreibung aller Parameter wird hier nicht angestrebt. Relevant für die Gefährdungsbeurteilung sind vor allem:

- Aggregatzustand,
- pH-Wert,
- Dampfdruck, Siedepunkt, Flammpunkt,
- Dampfdichte, Gasdichte,
- untere und obere Explosionsgrenze,
- Zündtemperatur, Selbstentzündungstemperatur, Zersetzungstemperatur,
- Löslichkeit und
- N-Octanol/Wasser-Verteilungskoeffizient.

5.1 Aggregatzustand und Feststoffkennzahlen

Die Angabe des Aggregatzustandes ist die erste wichtige „Landkarte“, in welcher Richtung Informationen zu beschaffen sind. Selbstverständlich spielt für einen Feststoff z.B. der Dampfdruck keine Rolle, wohl aber die Art des Materials, also z.B. ob der Stoff oder das Gemisch pastös oder pulverförmig vorliegt. Dementsprechend können dem Aggregatzustand weitere relevante sicherheitstechnische Kennzahlen zugeordnet sein, die es dann ausgehend von dieser Basisinformation systematisch zu betrachten gilt (→ *Tabelle*).

Vom Aggregatzustand abhängige, weiter zu prüfende sicherheitstechnische Kennzahlen

Feststoff	Flüssigkeit	Gas
• Korngröße, spezifische Oberfläche • pH-Wert • Schmelz-, Gefrierpunkt • Siedebeginn, Siedebereich • Entzündbarkeit • Dichte • Löslichkeit • Selbstentzündungstemperatur • Zersetzungstemperatur • Explosive Eigenschaften • Oxidierende Eigenschaften	• pH-Wert • Siedebeginn, Siedebereich • Flammpunkt • Verdampfungsgeschwindigkeit • UEG, OEG*) • Untere, obere Zündtemperatur • Dampfdruck • Dampfdichte • Selbstentzündungstemperatur • Zersetzungstemperatur • Viskosität • Explosive Eigenschaften • Oxidierende Eigenschaften	• Molekulargewicht • Dichte • UEG, OEG*) • Untere, obere Zündtemperatur • Selbstentzündungstemperatur • Explosive Eigenschaften • Oxidierende Eigenschaften

*) UEG, OEG = untere, obere Explosionsgrenze

Insbesondere für Feststoffe sollten im Sicherheitsdatenblatt entsprechende spezifizierende Materialangaben vorliegen. Die Verordnung (EU) 2020/878 führt hierzu die Partikelgröße, häufig auch Korngröße genannt, und die spezifische Oberfläche (also etwa m^2/g) auf. In der Praxis wird man diese Angaben aber noch kaum finden. Typische Beschreibungen sind daher z.B. „Pulver“, „Granulat“, „Blöcke“, „Pellets“, „Paste“ oder verwandte adjektivische Beschreibungen wie z.B. „pulvrig“.

Dementsprechend ist hier eher mit qualitativen als mit quantitativen Angaben zu rechnen, so dass nur tendenzielle Aussagen gemacht werden können.

Merke:

Die inhalative Gefährdung und auch die Explosionsgefahr ist umgekehrt proportional zur Partikelgröße. In der Regel haben grobe Materialien diesbezüglich ein geringeres Gefahrenpotenzial als Pulver oder andere feinkörnige Verteilungen, wobei aber keine festen Grenzgrößen angegeben werden können.

Je feiner also das Material ist, umso eher neigt es dazu zu stauben. Allerdings kann bei sehr geringen Korngrößen, insbesondere im Nanobereich, wieder der gegenteilige Effekt eintreten. Aufgrund von Oberflächeneffekten „backt" das Material zusammen, so dass die Staubungsaktivität zurückgeht. Dies ist aber nicht grundsätzlich so, sondern hängt vom Material ab und kann daher nur als „Faustregel" angegeben werden.

Außerhalb des Nanobereichs sind durch verschiedene Normen Staubungszahlen bzw. Staubklassen definiert. Allerdings nützt das dem Ersteller der Gefährdungsbeurteilung in der Regel relativ wenig, da meist die entsprechenden Angaben im Sicherheitsdatenblatt fehlen und es nur in Ausnahmefällen Sinn macht, eigene Messungen durchzuführen bzw. ausführen zu lassen.

Hinzu kommt, dass die Partikelgröße bei der Handhabung des Materials nicht konstant bleibt, sondern sich durch Abriebvorgänge verkleinern oder durch Oberflächeneffekte vergrößern kann. Aus diesem Grund sind bei der Beurteilung von Arbeiten mit besonders hoher Staubungsaktivität gegebenenfalls Spezialisten hinzuzuziehen, da auch die Gefahren der Staubexplosion bedacht werden müssen. Dies überschreitet in der Regel die Kenntnisse einer Fachkraft für Arbeitssicherheit oder auch eines nicht eigens dafür ausgebildeten Sicherheitsingenieurs; hier sind Ex-Schutz-Experten gefragt.

Eine weitere Gefährdung für Beschäftigte entsteht bei Feststoffen, wenn diese mit der Haut in Berührung kommen können. Viele Feststoffe sind bei Kontakt mit der Haut giftig. Eine wichtige Rolle spielt aber auch der pH-Wert. Viele ätzende Stoffe werden in fester Form vertrieben und können sich bei Hautkontakt in der natürlichen Feuchtigkeit lösen und so z.B. ihre ätzende Wirkung entfalten. Grundsätzlich ist also auch für einen Feststoff zu prüfen, welchen pH-Wert er erzeugt.

5.2 pH-Wert

Der pH-Wert ist ein Maß, wie sauer oder basisch eine Lösung reagiert. Die Werte entsprechen dem negativen dekadischen Logarithmus der Wasserstoff-Ionen-Konzentration bzw. – genauer – deren Aktivität. Ein pH von 1 entspricht z.B. einer Konzentration von 10^{-1} mmol/l an Wasserstoff-Ionen, während bei pH 14 deren Konzentration bei 10^{-14} mmol/l liegt. Um diese gewaltige Konzentrationsspanne mit übersichtlichen Zahlen zu beschreiben, wurde der logarithmische pH-Wert geschaffen.

Merke:

Je saurer eine Lösung ist, umso geringer ist der pH-Wert. Dabei hat der neutrale Bereich den pH-Wert 7, darüber beginnt der basische Bereich. Je größer der Abstand des pH-Wertes vom neutralen Bereich ist, umso stärker ist die Ätzwirkung.

Reine Natronlauge hat z.B. einen pH-Wert von 14, reine Salzsäure von 1. Hohe Gefährdungen von Lösungen oder Feststoffen gehen bei pH-Werten kleiner 4 und größer 9 aus.

5.3 Dampfdruck, Siedepunkt, Flammpunkt

Die drei jetzt zu besprechenden Kennzahlen sind insbesondere bei der Anwendung von Flüssigkeiten, wie Lösemittel oder lösemittelhaltige Produkte, von so grundlegender Bedeutung, dass hier eine breitere Darstellung erfolgen muss.

Grundlage ist der **Dampfdruck**. Darunter versteht man den Druck, der sich aufgrund von Verdunstungsvorgängen in einem abgeschlossenen System über einer Flüssigkeit einstellt. Materiell handelt es sich um die Anzahl an Molekülen, die aufgrund der thermischen Gegebenheiten aus einer Flüssigkeit austreten, Dämpfe bilden und damit im geschlossenen System aufgrund ihrer kinetischen Energie einen Druck aufbauen.

Der Dampfdruck ist eine materialspezifische Kenngröße, die in hPa (Hektopascal) gemessen bzw. angegeben wird. So hat z.B. das Lösemittel Aceton einen Dampfdruck von 246 hPa, was einem Viertel des normalen Luftdruckes (ca. 1000 hPa) entspricht.

Vereinfacht kann der Dampfdruck als das Potenzial einer Flüssigkeit zu verdampfen angesehen werden: Stoffe oder Gemische mit einem hohen Dampfdruck verdunsten schneller und setzen pro Zeiteinheit mehr Dämpfe frei als solche mit einem niedrigen Dampfdruck.

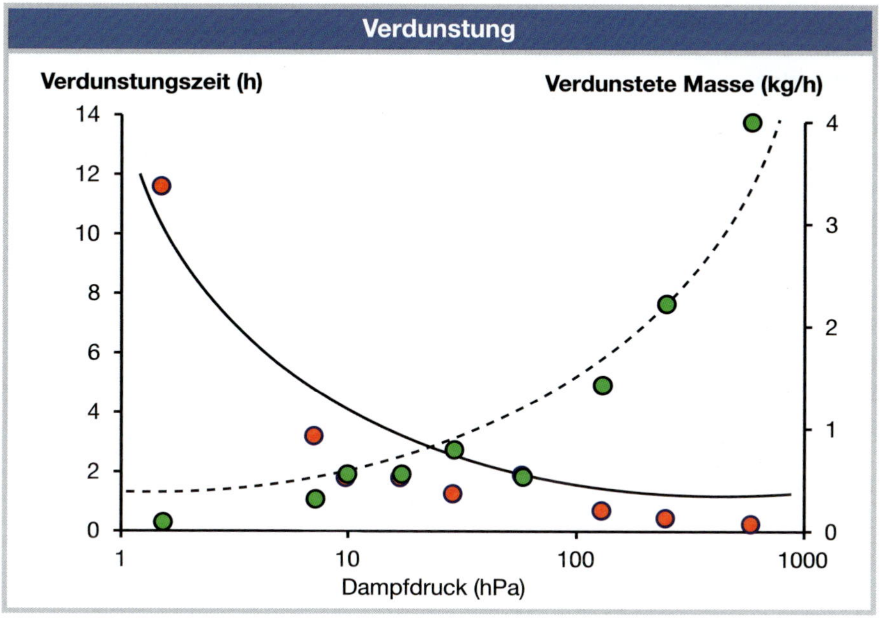

Abb. 6: *Abhängigkeit der Verdunstungsgeschwindigkeit (rote Punkte, durchgezogene Linie) bzw. der verdampften Masse (grüne Punkte, gestrichelte Linie) vom Dampfdruck bei 20 °C; Daten nach GESTIS*

Abbildung 6 stellt die Abhängigkeit der Verdunstung von jeweils 1 kg Lösemittel vom Dampfdruck dar. Während Furfurol mit einem Dampfdruck von 1,5 hPa erst nach 12 Stunden verdunstet ist, benötigt Diethylether mit einem Dampfdruck von 586 hPa dafür lediglich 15 Minuten. Entsprechend ist die pro Zeiteinheit verdunstete Masse in kg/h (bei 1 m^2 Grundfläche) umgekehrt proportional zu diesem Zusammenhang. So verdunsten in einer Stunde nur 90 g Furfurol, aber 4 kg Diethylether.

Merke:

Für die Gefährdungsbeurteilung bedeutet dies: Lösemittel oder andere Flüssigkeiten mit hohen Dampfdrücken stellen eine höhere Gefährdung dar als solche mit niedrigen.

Dieser Merksatz gilt sowohl für die inhalative Gefährdung als auch für die Explosionsgefährdung. Hilfreich als anzugebende Größe ist daher auch die

Verdampfungsgeschwindigkeit. Allerdings sind in den meisten derzeit existierenden Sicherheitsdatenblättern keine Daten zu diesem Parameter vorhanden.

Selbstverständlich hängt die freigesetzte Stoffmenge nicht nur von dem Dampfdruck ab, sondern auch von der Verdunstungsfläche. So entweichen aus einer offenstehenden 2-Liter-Laborflasche mit Aceton, die einen Flaschenhals von 2,5 cm Durchmesser aufweist, gerade mal 1,5 g Aceton pro Stunde. Fällt die Flasche aber auf den Boden und das Aceton verbreitet sich über 3 m^2, so ist die gesamte Menge in weniger als 6 Minuten verdunstet.

Lässt sich nun auf einfache Weise berechnen, welche Stoffmassen durch ein Lösemittel in die Luft freigesetzt werden? Diese Frage kann man zumindest für eine ganze Reihe von Stoffen bejahen. Zur Berechnung wird die sogenannte „Verdunstungszahl" (VD) herangezogen, eine Bezugszahl, die ein relatives Maß für die Verdunstungsgeschwindigkeit ist. Die Werte für VD reichen von 1 bis ca. 3000, wobei eine niedrige VD eine hohe Verdunstungskapazität bedeutet.

Die Berechnungsformel lautet:

$$M = \rho \times 5571 \times A \times T \times VD^{-1}$$

Dabei gilt:

M = verdunstete Masse ($g/h/m^2$)
ρ = Dichte des Lösemittels (g/cm^3)
A = Verdunstungsfläche (m^2)
T = Betrachtungszeitraum (h)
VD = Verdunstungszahl (dimensionslos)

Mithilfe der Daten in der folgenden Tabelle lassen sich dann leicht die oben genannten Werte errechnen.

Verdunstungszahlen und Dichten von Lösemitteln; Quellen: GESTIS, BGIA-Report 3/2001

Stoff	VD	Dichte
Aceton	2,0	0,79
Amylacetat	15,0	0,87
Butanol	33,0	0,81
Butylacetat	12,0	0,88
Butyldiglycol	3750,0	0,95

Stoff	VD	Dichte
Butyldiglycolacetat	> 3000	0,98
Butylglycol	119,0	0,90
Butylglycolacetat	137,0	0,94
Cyclohexan	3,4	0,78
Cyclohexanol	150,0	0,94
Cyclohexanon	41,0	0,95
Diacetonalkohol	150,0	0,94
Dichlormethan	1,8	1,33
Diethylether	1,0	0,71
Diisobutylketon	7,0	0,81
Diisopropylether	1,6	0,72
Dimethylacetamid	172,0	0,94
Dimethylformamid	120,0	0,94
Dioxan	7,3	1,03
Ethanol	8,3	0,79
Ethylacetat	3,0	0,90
Ethylbenzol	8,8	0,87
Ethyldiglycol	1200,0	0,99
Ethyldiglycolacetat	> 1200	1,00
Ethylglycol	43,0	0,93
Ethylglycolacetat	57,0	0,97
Ethyllactat	80,0	1,03
Furfurol	75,0	1,16
Heptan (n-Heptan)	3,0	0,68
Hexan (n-Hexan)	1,4	0,66
Isoamylalkohol	62,0	0,81
Isobutanol	25,0	0,81
Isobutylacetat	5,8	0,87
Isophoron	330,0	0,92
Isopropylalkohol	11,0	0,79

Stoff	VD	Dichte
Mesityloxid	8,2	0,85
Methanol	6,3	0,79
Methylacetat	2,1	0,93
Methylcyclohexanol	800,0	0,92
Methylcyclohexanon	53,0	0,92
Methylethylketon	3,3	0,81
Methylglycol	34,0	0,69
Methylglycolacetat	21,0	1,00
Methylisobutylcarbinol	66,0	0,81
Methylpropylketon	4,8	0,81
Nitroethan	21,0	1,05
Nitropropan (2-Nitropan)	10,0	1,00
Pentan (n-Pentan)	< 1	0,63
Perchlorethylen	6,0	1,62
Propylacetat	4,8	0,89
Schwefelkohlenstoff	1,8	1,26
Styrol	16,0	0,91
Tetrahydrofuran	2,2	0,89
Tetrahydronaphthalin	200,0	0,97
Toluol	6,1	0,87
Trichlorethan (1,1,1-Trichlorethan)	2,6	1,34
Trichlorethylen	3,1	1,46
Xylol	13,5	0,86

In der Praxis besteht häufig die Schwierigkeit, insbesondere die Verdunstungsfläche ausreichend genau genug bestimmen zu können. Das Problem lässt sich aber durch grobe Näherungen einigermaßen umgehen.

Kehren wir zu unserem eigentlichen Thema, dem Dampfdruck, zurück. Für die Gefährdungsbeurteilung ist unbedingt zu berücksichtigen, dass dieser eine steile Abhängigkeit zur Temperatur aufweist.

Abbildung 7 zeigt für vier typische Lösemittel, dass bereits eine Temperaturerhöhung von 10 °C den Dampfdruck um ca. das 1,5- bis 2-Fache steigert:

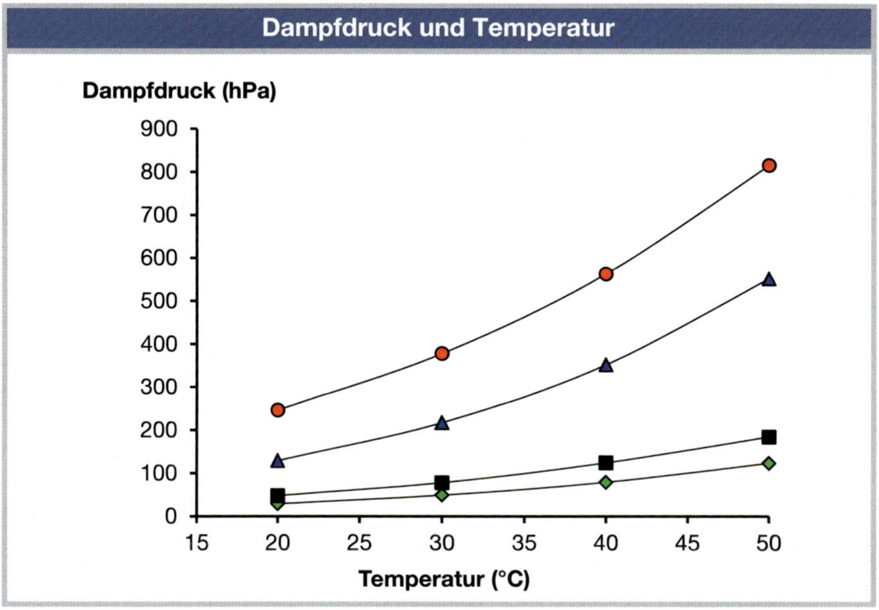

Abb. 7: *Abhängigkeit des Dampfdrucks von der Temperatur für vier Lösemittel; von oben nach unten: Aceton (rot), Methanol (blau), n-Heptan (schwarz), Toluol (grün); Daten nach GESTIS*

Dementsprechend werden bei höheren Temperaturen weitaus größere Dampfmengen frei. Aus diesem Grund können bereits saisonale Temperaturänderungen, also z.B. von 20 °C in der Werkshalle im Winter zu vielleicht 30 °C im Sommer, in der Gefährdungsbeurteilung eine Rolle spielen. Bedeutsam und zu berücksichtigen ist diese Abhängigkeit vor allem bei allen thermischen Prozessen oder Anwendungen in Maschinen, Arbeitsmitteln etc., bei oder in denen es zu deutlichen Temperaturerhöhungen kommt.

Merke:

Leider sind die Angaben im Sicherheitsdatenblatt in der Regel auf die übliche Raumtemperatur von 20 bis 23 °C bezogen. Im Rahmen der Informationsermittlung muss deshalb festgestellt werden, welche gegebenenfalls vom Standard abweichenden Bedingungen im eigentlichen Arbeitsprozess herrschen und wie bei diesen Temperaturen der Dampfdruck z.B. eines Lösemittels oder eines Arbeitsstoffes ist.

Entsprechende Angaben sind z.B. in der Gefahrstoffdatenbank „GESTIS“ der DGUV hinterlegt.

Je höher die Temperatur ist, umso größer ist der Dampfdruck. Dies gilt, bis die Flüssigkeit siedet.

Der **Siedepunkt** oder genauer die Temperatur des Siedebeginns – und damit kommen wir zur zweiten in diesem Zusammenhang wichtigen Kenngröße – ist die Temperatur, bei der der Dampfdruck in der Flüssigkeit genauso hoch ist wie der umgebende Atmosphärendruck. Dann dampft die Flüssigkeit unter Blasenbildung aus, was wir im Alltagsdeutsch als „Kochen“ bezeichnen.

Merke:

Siedepunkt und Dampfdruck sind invers miteinander verknüpft: Flüssigkeiten mit hohem Dampfdruck sieden bereits bei niedrigen Temperaturen und umgekehrt (→ *Abbildung 8*).

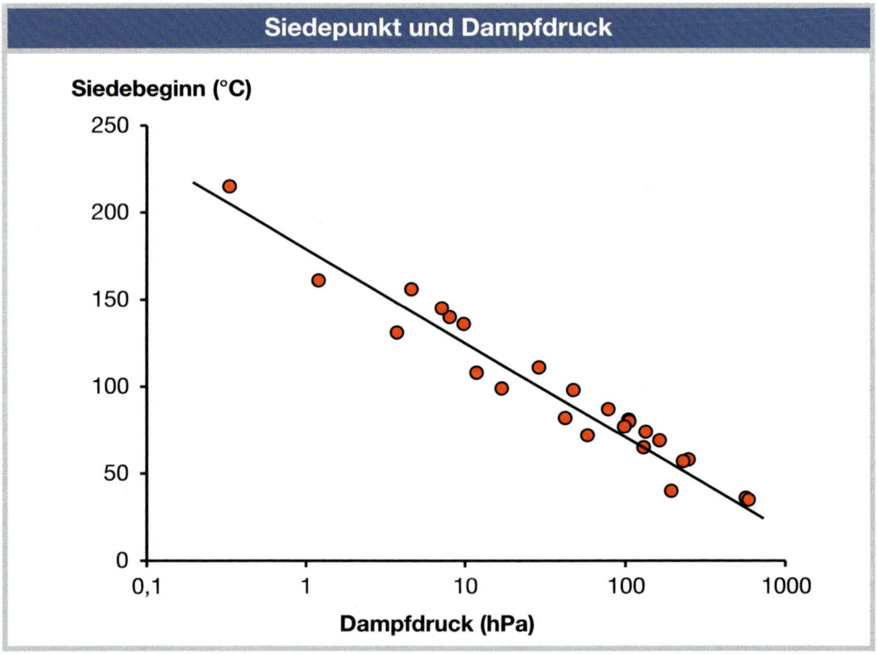

Abb. 8: *Abhängigkeit des Siedebeginns von dem Dampfdruck; Daten nach GESTIS*

Diethylether mit dem höchsten Dampfdruck von 586 hPa siedet bereits bei 35 °C, Isophoron dagegen mit einem Dampfdruck von 0,33 hPa erst bei 215 °C. Beides sind organische Lösemittel, unterscheiden sich aber extrem bei der Freisetzung von Dämpfen und der damit einhergehenden inhalativen Gefährdung oder der Bildung möglicher explosionsfähiger Dampf-Luft-Gemische. Kriterien wie der Dampfdruck spielen daher auch bei Substitutionserwägungen eine wichtige Rolle.

Da die Siedetemperatur von dem Dampfdruck abhängt, kann sie als indirektes Maß für einen möglicherweise nicht bekannten Dampfdruck herangezogen werden. In der Tat fehlen in vielen Sicherheitsdatenblättern die entsprechenden Dampfdruckangaben, wobei der Siedepunkt meist aufgeführt ist (er ist auch leichter zu ermitteln). Als Faustregel kann hier also wiederholt werden: Flüssigkeiten mit einem niedrigen Siedepunkt haben einen hohen Dampfdruck, solche mit einem hohen Siedepunkt haben einen niedrigen Dampfdruck.

Eine weitere wichtige Kenngröße für Flüssigkeiten ist der **Flammpunkt**. Dieser gibt die niedrigste Temperatur an, bei der eine Flüssigkeit brennbare Dämpfe in solcher Menge abgibt, dass bei Kontakt mit einer wirksamen Zündquelle sofort eine Flamme auftritt.

Diese Kenngröße ist wichtig, um festzustellen, ob eine Brand- und/oder Explosionsgefahr bei den bestehenden Arbeitstemperaturen besteht. Der Wert kann zwischen –60 °C bis über 100 °C liegen und ist wieder vom Dampfdruck abhängig (→ *Abbildung 9*). In den meisten Fällen liegen die Flammpunkte anwendungstypischer Lösemittel wie Methanol, Aceton, Toluol, Xylol usw. in einem Bereich unter oder nahe der typischen Raumtemperatur. Damit ist abhängig von der Verdunstungsfläche nahezu immer mit einer Brand- oder Explosionsgefährdung zu rechnen.

Bei der Explosionsgefährdung muss allerdings zusätzlich geprüft werden, ob die untere oder die obere Explosionsgrenze erreicht wird (Begriffserklärung → *Seite 85*), also die Menge der freigesetzten Dämpfe für eine Explosion zu niedrig, ausreichend oder zu hoch ist.

Andere Substanzen, wie z.B. bestimmte Öle, haben Flammpunkte über 50 °C bis weit über 100 °C, so dass aufgrund von Dämpfen nur eine geringe Brandgefährdung besteht. Aber Achtung: Diese Angabe bezieht sich nur auf die Dämpfe. Wann die Substanz, also die Flüssigkeit oder der Feststoff zu brennen beginnt, wird durch die Zündtemperatur bestimmt (Begriffserklärung → *Seite 88*).

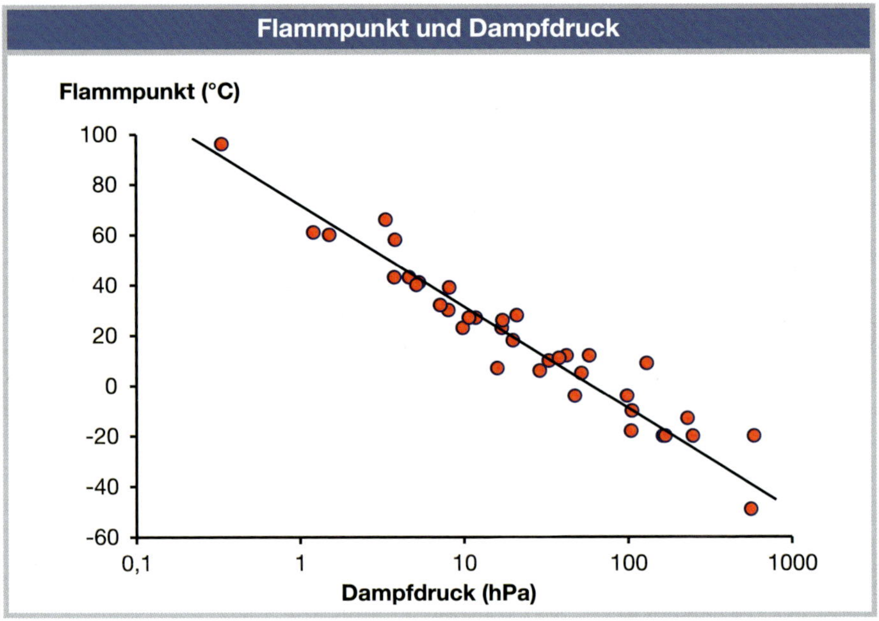

Abb. 9: *Abhängigkeit des Flammpunktes von dem Dampfdruck; Daten nach GESTIS*

Ähnlich wie beim Siedepunkt kann aus dem Dampfdruck auf die relative Höhe des Flammpunktes geschlossen werden und umgekehrt aus einem gegebenen Flammpunkt die Höhe des Dampfdruckes abgeschätzt werden.

Merke:

Flamm- und Siedepunkt sind vom Dampfdruck abhängig, ebenso die pro Zeiteinheit verdunstete Stoffmenge.

Der Dampfdruck stellt damit eine wesentliche Erkenntnisquelle über das sicherheitstechnische Verhalten von Flüssigkeiten dar.

Für die Praxis lassen sich drei unterschiedliche Gefährdungsbereiche bzw. Gefährdungskategorien anhand der drei Kenngrößen festlegen, die bei der Einordnung von Stoffen helfen können. Sie sind in der folgenden Tabelle zusammenfassend aufgelistet:

Gefährdungskategorien für inhalative Gefahren und Brand-/Ex-Gefahren auf Basis von Dampfdruck, Siedetemperatur und Flammpunkt von Flüssigkeiten

Gefährdungs-kategorie	**Niedrig**	**Mittel**	**Hoch**
Dampfdruck	< 10 hPa	10–50 hPa	> 50 hPa
Siedetemperatur	> 100 °C	65–100 °C	< 65 °C
Flammpunkt*)	> 40 °C	23–40 °C	< 23 °C

*) Bitte beachten: Die hier angegebene Flammpunkteinteilung entspricht nicht den Einstufungen nach der CLP-Verordnung für entzündbare Flüssigkeiten, da diese auch noch den Siedepunkt betrachten und im Rahmen der Gefährdungsbeurteilung andere Kriterien herangezogen werden müssen.

5.4 Dampfdichte, Gasdichte

Jede Substanz hat eine Dichte, also auch Dämpfe und/oder Gase. Die Dichte von Luft liegt bei 1,2 kg m^{-3} oder 0,0012 g cm^{-3}. In einem ähnlichen Bereich liegen auch die Dichten von Dämpfen oder Gasen.

Kenntnisse über die Dichte von Dämpfen oder Gasen sind wichtig, um zu beurteilen, ob diese sich in Bodennähe oder in der Höhe ansammeln oder ob sie dazu tendieren, sich mehr oder weniger gleichmäßig zu verteilen. Dies kann ganz erheblichen Einfluss auf die Ausgestaltung von Schutzmaßnahmen haben.

Für die praktische Anwendung werden die Dampf-/Gasdichten relativ zur Dichte der Luft angegeben, also z.B. nicht 1,53 kg m^{-3}, sondern 1,53 kg m^{-3}/ 1,2 kg m^{-3} = 1,3. Die Angabe der relativen Dichte macht die Zahlen sehr übersichtlich und erleichtert schnell die Einordnung. Für die Interpretation können dabei drei Fälle unterschieden werden:

Merke:

- Relative Dichte < 0,85: Dämpfe/Gase steigen nach oben.
- Relative Dichte 0,85–1,15: Dämpfe/Gase verteilen sich an aktiv genutzten Arbeitsplätzen mehr oder weniger gleichmäßig um die Entstehungsstelle.
- Relative Dichte > 1,15: Dämpfe/Gase sinken zu Boden.

Dabei bleibt festzuhalten, dass alle aus Flüssigkeiten austretenden Dämpfe immer zu Boden sinken und sich dort zungenartig ausbreiten. Sie „fallen“ in Keller, Gruben, tiefer gelegene Treppenhäuser oder ähnliche Senken. Aus diesem Grund kann es zu inhalativen Belastungen und gegebenenfalls lebensgefährlichen Situationen und/oder Brand- und Ex-Gefahren weitab vom eigentlichen Entstehungsort der Dämpfe kommen.

Dämpfe/Gase, deren Dichte nur unwesentlich von der der Luft abweicht, verteilen sich auf gleicher Ebene der Entstehungsstelle und das dichtebedingte Absinken oder Aufsteigen setzt sich nur sehr langsam durch. Das liegt aber nicht primär an den geringen Dichteunterschieden, sondern an den immer vorhandenen Luftbewegungen in einer Arbeitsstätte. Bereits das Herumgehen der Arbeitnehmer erzeugt genügend Turbulenzen, dass die Dämpfe/Gase mit der Umgebungsluft verwirbelt und vermengt werden.

Bei maschineller oder auch natürlicher Belüftung bestimmt in erster Linie nicht mehr die Dichte eines Stoffes die Art der Verteilung, sondern die Luftströmungen und die damit verbundenen Turbulenzen. Diese sogenannte „turbulente Durchmischung“ hängt u.a. von der Luftgeschwindigkeit, der Verteilung von Gegenständen und den thermischen Quellen im Raum ab und ist schwer zu erfassen. Ist das Ausmaß entsprechend stark, werden auch Gase/Dämpfe mit hohen Dichteunterschieden zur umgebenden Luft ausreichend verwirbelt, so dass eine angenäherte räumliche Gleichverteilung erzeugt wird.

Die im obigen Merksatz angegebenen Tendenzen stellen sich daher in „reiner Form“ nur bei ruhiger Luft ein. Dennoch sollte in erster Näherung eine Verteilung entsprechend der relativen Dichte angenommen werden.

Die Dichte von Dämpfen lässt sich weder aus dem Dampfdruck noch aus einer anderen leicht zugänglichen Maßzahl ableiten. Sie müssen im Sicherheitsdatenblatt oder in einer Datenbank nachgeschlagen werden.

Anders sieht es bei reinen Gasen aus, denn hier lässt sich die relative Dichte aus dem Quotienten vom Molekulargewicht Gas und dem Molekulargewicht Luft berechnen:

Relative Dichte Gas zur Luft = Molekulargewicht Gas/28,8.

Chlorgas (Cl_2) mit einem Atomgewicht von 35,5, also einem Molekulargewicht von 71, weist daher eine relative Dichte von 71/29 = 2,4 auf. Es sinkt sehr schnell zu Boden.

Kohlendioxid (CO_2) mit den Atomgewichten von 12 für Kohlenstoff und 16 für Sauerstoff weist ein Molekulargewicht von 44 auf, so dass sich die Gasdichte schnell zu 1,6 berechnen lässt. Auch dieses Gas sinkt zu Boden und es wird deutlich, weshalb gerade in Restaurationsbetrieben mit im Keller gelagerten CO_2-Flaschen eine gute Lüftung gesichert sein muss.

Stickstoff (N_2) hat dagegen nur eine relative Dichte von 0,97 und würde im Prinzip sehr langsam aufsteigen, wenn nicht verschiedene physikalische Prozesse dies verhindern würden (u.a. die Luftbewegung, siehe hierzu die Ausführungen oben). Wasserstoff- und Heliumgas steigen dagegen sehr schnell auf, da ihre relativen Gasdichten 0,07 und 0,14 betragen.

Luft besteht vornehmlich aus Stickstoff und Sauerstoff. Diese Elemente haben ein relativ geringes Atomgewicht; sie stehen in dem nach Atomgewichten geordneten Periodensystem an den Stellen 7 und 8. Deshalb sind fast alle Gase schwerer als Luft oder liegen nahe am Gleichgewichtspunkt.

5.5 Untere und obere Explosionsgrenze

Brennbare Stoffe, egal ob fest, flüssig oder gasförmig, können mit Luft explosionsfähige Gemische, sogenannte „explosionsfähige Atmosphären“ bilden. Allerdings passiert dies nicht bei beliebigen Mischungsverhältnissen, sondern nur in bestimmten Konzentrationsbereichen.

Grundsätzlich findet keine Explosion statt, wenn die Konzentration des Stoffes zu niedrig ist. Es fehlt an ausreichendem Brennstoff, das Gemisch ist zu mager. Die Explosionsfähigkeit tritt aber bei Überschreiten einer unteren Grenzkonzentration, der unteren Explosionsgrenze, abgekürzt UEG, ein. Ist jedoch zu viel Material in dem Gemisch vorhanden, erlischt die Explosionsfähigkeit aufgrund zu geringer Sauerstoffanteile in der Mischung. Das heißt: Oberhalb einer oberen Explosionsgrenze, OEG abgekürzt, findet ebenfalls keine Explosion mehr statt.

Die Angaben in den Sicherheitsdatenblättern und vielen Datenbanken beziehen sich nur auf Flüssigkeiten und Gase, nicht jedoch auf Feststoffe, da Staubexplosionen eigenen Regeln gehorchen. Bei diesen reicht die Kenntnis von UEG und OEG zur Beurteilung einer Explosionsgefahr nicht aus. Ergänzend muss z.B. die Korngrößenverteilung berücksichtigt werden.

Für Flüssigkeiten zeigt sich zwischen der besonders interessanten UEG und dem Dampfdruck keine Beziehung. Deshalb kann vom Dampfdruck nicht auf die Explosionsfähigkeit geschlossen werden. Das Gleiche gilt für den Flammpunkt (→ *Abbildung 10*).

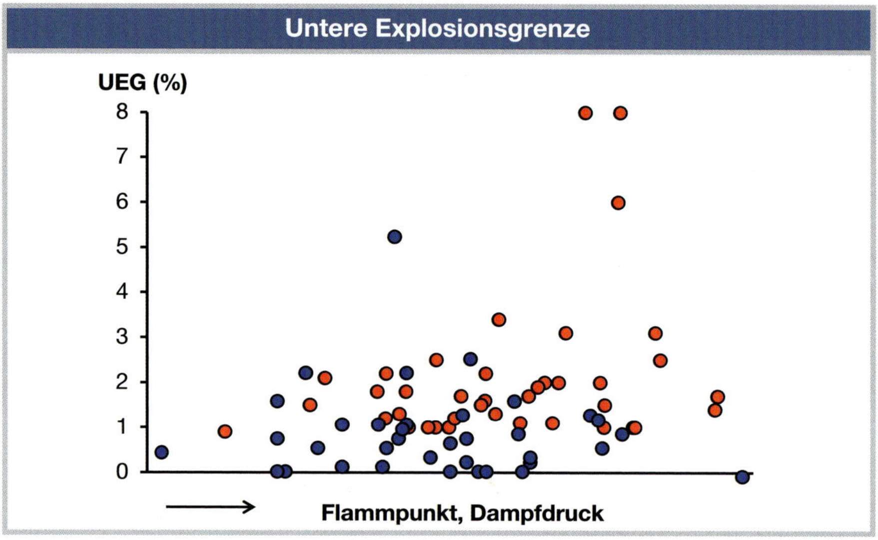

Abb. 10: *Darstellung der Abhängigkeit zwischen Flammpunkt (blau, Bereich –50 °C bis +100 °C) und Dampfdruck (rot, Bereich 0,1 hPa bis 600 hPa) und UEG; es ist keine Beziehung erkennbar*

Allerdings muss das Zusammenwirken der unterschiedlichen Kenngrößen beachtet werden. So ist es für die Frage nach dem Explosionsschutz häufig nicht ausreichend, allein z.B. auf die UEG zu achten.

Die Werte für die UEG liegen z.B. für Lösemittel alle in einem ähnlichen Bereich von 1 bis maximal 13 %, mit einem Mittel von knapp 2 %. Dabei haben chlorierte Verbindungen höhere UEG-Werte. Bei der Verwendung von Gefahrstoffen ist aber nicht nur die Frage zu klären, wie hoch die UEG ist, sondern auch, wie schnell sie erreicht wird.

Beispiel

Das Lösemittel Isophoron hat eine sehr niedrige UEG von lediglich 0,9 % bzw. 50 g m^{-3}. Trichlorethylen weist dagegen eine UEG von 7,9 % = 490 g m^{-3} auf, liegt also rund neunmal höher. Auf den ersten Blick ist daher bei der Verwendung von Trichlorethylen eine mögliche Ex-Atmosphäre nur schwer erreichbar. Trichlorethylen erscheint deutlich sicherer als Isophoron.

Allerdings zeigt ein Blick auf den Dampfdruck, dass Trichlorethylen einen 230-fach höheren Dampfdruck als Isophoron aufweist (→ *Tabelle*). Im Ergebnis führt dies dazu, dass die UEG bei Trichlorethylen bereits nach zehn Minuten der Anwendung überschritten wird, während dies bei Isophoron erst nach über drei Stunden eintritt. Die Verwendung von Isophoron ist daher aufgrund des niedrigen Dampfdruckes deutlich sicherer als Trichlorethylen. Und das, obwohl Isophoron so eine niedrige UEG aufweist.

Vergleich wichtiger Kennwerte von Isophoron und Trichlorethylen zur Beurteilung der Explosionsgefährdung

Kennwert/Kriterium	Isophoron	Trichlorethylen
UEG, relativ (%)	0,9	7,9
UEG, absolut (g m^{-3})	50	430
Dampfdruck (hPa)	0,33	77,6
Zeit bis zum Erreichen der UEG (min)*)	192	10

*) bezogen auf einen nicht belüfteten Raum von 1 m^3 über der Quelle

Merke:

Bei der Betrachtung des UEG-Wertes muss also immer auch gefragt werden, wann und unter welchen Bedingungen dieser erreicht wird. Die UEG ist als Information für mögliche Ex-Betrachtungen alleine nicht ausreichend.

Zu betrachten sind dabei auch mögliche räumliche Gradienten, also räumlich bedingte Konzentrationsänderungen. Abschätzungen z.B. für ein bestimmtes Volumen sind nicht aussagekräftig, wenn es – wie besonders bei „punktförmigen" Quellen – zu solchen Gradienten kommt. *Abbildung 11* zeigt den Konzentrationsverlauf innerhalb eines Meters Abstand von einer Quelle, und zwar eine Stunde, nachdem die Quelle aktiv wurde. Obwohl weiträumig keine Gefahr besteht, ist in den ersten 20 cm um die Quelle die UEG überschritten. Zündfunken in diesem Bereich können daher zu erheblichen Explosionen führen.

Dieser gefährliche Bereich „wandert" von der Quelle weg und bereits nach fünf Stunden ist in der hier gegebenen Modellrechnung die Quelle von einer 1 m dicken Zone mit überschrittener UEG umgeben. Aus diesem Grund sind

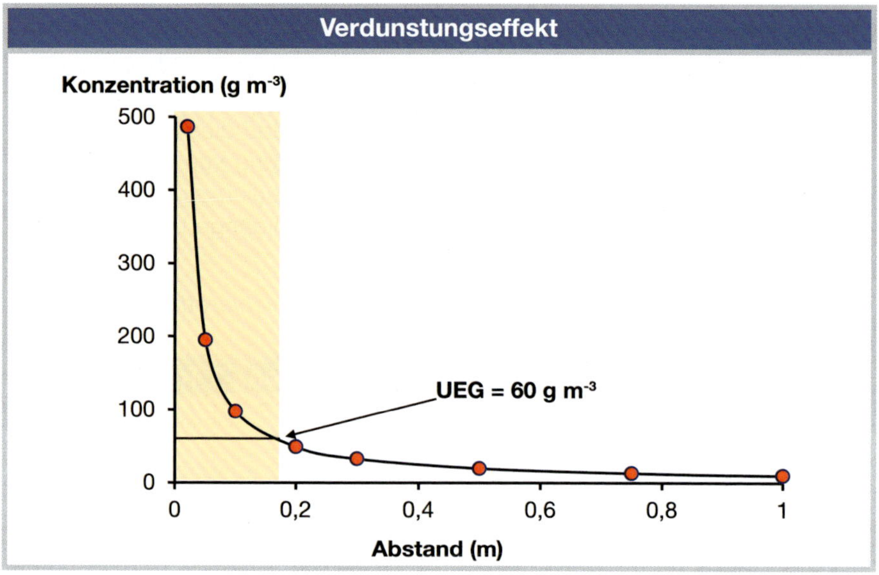

Abb. 11: *Verlauf des Konzentrationsgradienten einer Acetonquelle; innerhalb von knapp 20 cm um die Quelle ist nach einer Stunde die UEG überschritten*

in der Gefahrstoffverordnung (früher in der Betriebssicherheitsverordnung) Zoneneinteilungen um Quellen explosionsgefährlicher Agenzien vorgesehen.

Wegen dieser Komplexität ist grundsätzlich anzuraten, in allen Fragen zu Explosionsgefahren Spezialisten hinzuzuziehen, da durch die Parameter UEG und OEG alleine keine ausreichende Beschreibung der konkreten Explosionsgefahr besteht. Dies trifft auch auf Stäube und insbesondere auf sogenannte „hybride Gemische" zu, also Atmosphären, die sowohl explosionsfähige Dämpfe als auch Stäube aufweisen.

5.6 Zündtemperatur, Selbstentzündungstemperatur, Zersetzungstemperatur

Zünd- und Selbstentzündungstemperatur sind zwei Kenngrößen, die das Gleiche meinen: Es ist die Temperatur, bei denen sich ein Stoff allein aufgrund der vorherrschenden Wärme, d.h. ohne eine zusätzliche Zündquelle (z.B. eine Flamme), entzündet.

Dabei wird der Begriff „Zündtemperatur“ im Zusammenhang mit Gasen und Dämpfen verwendet und der Begriff „Selbstentzündungstemperatur“ bei Feststoffen. Die folgende Tabelle listet beispielhaft einige Zünd-/Selbstentzündungstemperaturen von Stoffen auf.

Zünd- bzw. Selbstentzündungstemperaturen bei verschiedenen Stoffen; nach diversen Quellen

Flüssigkeiten/ Dämpfe	Temperatur (°C)	Feststoffe	Temperatur (°C)
Styrol	490	Stroh	250–300
Methanol	440	Zeitungspapier	175
Terpentinöl	250	Schreibpapier	360
Dieselkraftstoff	> 250	Holzkohle	300
Kerosin	220	Fichtenholz	280
Hydrauliköl	> 250	Roggenmehl	500
Diethylether	175	Weißer Phosphor	60

Sicherheitstechnisch sind diese Kennwerte vor allem im Zusammenhang mit Arbeitsmitteln und Anlagen relevant, da diese häufig heiße Oberflächen oder Räume enthalten. Bei Kontakt der jeweiligen Stoffe mit diesen Oberflächen oder bei Vorhandensein in den Räumen kann es daher zu Bränden und/oder zu Explosionen kommen.

Deshalb sind für die Stoffe Temperaturklassen zur Schnellcharakterisierung der Zündeigenschaften geschaffen worden, denen dann maximale Oberflächentemperaturen zugeordnet werden können.

Für Feststoffe ist dabei zu beachten, dass die angegebenen Zündtemperaturen durchaus nicht mit jenen übereinstimmen, die für die Staubfraktion des gleichen Stoffes gelten. Außerdem unterscheiden sich bei den Stäuben die Zündtemperaturen, je nachdem, ob es sich um eine Staubschicht oder eine Staubwolke handelt.

So weist z.B. Torf in nicht staubender Form eine Zündtemperatur von 230 °C auf. Für die Staubschicht ermittelt man dagegen 295 °C und für die Staubwolke gar 360 °C. Bei vielen anderen (aber nicht allen) Stoffen sind ähnliche Unterschiede zu beobachten. Diese Unterschiede würde man nicht erwarten. Insbesondere ist man geneigt anzunehmen, dass die feinkörnigen Fraktionen schon bei geringeren Temperaturen zünden als grobes Material.

Aus diesem Grund sind im konkreten Anwendungsfall sorgfältig Informationen zusammenzutragen, die die üblichen Angaben des Sicherheitsdatenblattes übersteigen.

Eine anders geartete Kennzahl ist dagegen die **Zersetzungstemperatur** oder Selbstzersetzungstemperatur. Diese gibt an, ab welcher Temperatur sich eine chemische Verbindung zersetzt und dabei andere Stoffe freisetzt. Es kommt also zu einer Umwandlung der ursprünglichen Substanz in andere Komponenten.

Dabei ist die Zersetzungstemperatur häufig kein fester Wert, sondern eine Temperaturspanne, wobei die Zersetzung unterschiedlich schnell und unterschiedlich effektiv abläuft. So zersetzt sich das an sich ungefährliche Polystyrol im Bereich zwischen 100 und 300 °C und setzt dabei verschiedene Komponenten frei, u.a. die Grundsubstanz Styrol. Auf diese Weise tritt dann plötzlich ein sowohl inhalativ als auch brand- und explosionsrelevanter Gefahrstoff auf.

Allerdings kann die Zersetzung auch völlig harmlos ablaufen, so dass als Endprodukte Kohlenstoffdioxid und Wasser entstehen. Dies hängt immer von der Ausgangssubstanz und der Form der Zersetzung ab. Interessant ist dieser Prozess insbesondere bei der thermischen Verarbeitung von Polymeren oder Polykondensaten, da diese häufig wieder in die monomeren Grundbestandteile zerfallen. Techniken wie Extrudieren, Spritzguss, aber auch Schweißtätigkeiten können zu Zersetzungen chemischer Bestandteile und zum Freisetzen von gefährlichen Stoffen beitragen. Eine genaue Prüfung bei der Anwendung dieser Techniken ist daher erforderlich.

5.7 Löslichkeit

Angaben zur Löslichkeit eines Stoffes werden in $g\ l^{-1}$ oder $kg\ m^{-3}$ oder einer verwandten Massen-Volumen-Angabe gemacht. Es können aber auch qualitative Hinweise gegeben sein, z.B. „gut löslich", „unlöslich" usw. Die Löslichkeit von Stoffen kann temperaturabhängig sein. Deshalb wird sie mit einer Bezugsgröße, in der Regel 20 °C, angegeben. Dabei kann die Löslichkeit mit der Temperatur steigen oder fallen, was wiederum von der chemischen Struktur des Stoffes abhängt. Allgemeine Regeln können hier nicht gegeben werden.

Die Löslichkeit ist besonders für technische Prozessabläufe und für das Verhalten in der Umwelt wichtig, gibt aber auch Hinweise auf potenzielle gesundheitliche Auswirkungen. Gut lösliche Stoffe werden nach Aufnahme in den Körper in der Regel schnell ausgeschieden und haben meist keine lange Verweildauer. Schlecht lösliche Substanzen neigen dagegen dazu, biopersistent zu sein und können so gegebenenfalls physiologische Funktionen über längere Zeiträume stören oder blockieren.

Ein extremes Beispiel mag das verdeutlichen: Eingeatmete Salz- oder Zuckerstäube werden sehr schnell in der Lunge von der dortigen Flüssigkeit gelöst, abtransportiert und ausgeschieden. Unlösliche Steinstäube und Metallstäube dagegen verbleiben über Jahre in der Lunge und können auf diese Weise schwere Gesundheitsschäden hervorrufen.

Gerade in Bezug auf die Atmungsorgane spielt Löslichkeit eine wichtige Rolle. So wirken gut wasserlösliche Dämpfe, wie z.B. die der Salzsäure, vor allem im oberen Atemtrakt, der durch seinen eher robusten Aufbau weit weniger oder langsamer geschädigt wird als die besonders dünnwandigen und fragilen Alveolen in der Tiefe der Lungen (was jetzt nicht heißen soll, man könne Salzsäuredämpfe einatmen). Viele organische Stoffe sind dagegen in Wasser nicht gut löslich und wirken eher in den Alveolen als in der oberen Luftröhre.

Löslichkeitsangaben können also erste Hinweise auf eine mögliche Biopersistenz im Körper geben.

Merke:

Es können die folgenden Werte als Anhaltspunkte gegeben werden:

- Löslichkeit > 100 mg l^{-1}: geringe Biopersistenz zu erwarten
- Löslichkeit 30–100 mg l^{-1}: mittlere Biopersistenz
- Löslichkeit < 30 mg l^{-1}: hohe Biopersistenz möglich

Viele Stoffe, insbesondere organische Lösemittel, lösen sich in Wasser in einem chemischen Sinne kaum oder schlecht, sind aber mit Wasser gut mischbar. Das bedeutet, die beiden Stoffe bilden keine unterschiedlichen Phasen, sondern eine Mischung, die häufig klar, d.h. ohne Tröpfchen oder Trübungen ist. Dennoch ist es keine echte Lösung. Das ist z.B. bei Ethanol, Aceton oder Methanol der Fall.

Andere dagegen, wie z.B. Styrol, Toluol und vor allem nahezu alle Öle, sind schlecht wassermischbar; es kommt zu Phasentrennungen, Tröpfchenbildung, Ansammlungen an der Wasseroberfläche usw. Interessanterweise lösen sich diese Stoffe aber gut in anderen organischen Lösemitteln, was die meisten wasserlöslichen Stoffe wiederum nicht tun. Man unterscheidet daher zwischen sogenannten „wasserliebenden" (= „hydrophilen") Stoffen und „fettliebenden" (= „lipophilen") Stoffen. Die Frage lautet daher nicht, ob ein Stoff löslich ist, sondern, in was er sich gut löst. Das ist für die nächste Kennzahl wichtig.

5.8 n-Octanol/Wasser-Verteilungskoeffizient

Viele Stoffe reichern sich in der Umwelt und insbesondere entlang der Nahrungskette an. Dies vollzieht sich in der Regel im Fettgewebe, in das besonders die lipophilen Stoffe gut einwandern können. Dies kann dazu führen, dass in „Endverbrauchern" wie Seefischen, Vögeln, aber auch Großwild schädliche Substanzen tausende Male konzentrierter auftreten als in der Umwelt selbst (Bioakkumulation).

Um dieses möglicherweise schädliche Potenzial abzuschätzen, ist der n-Octanol/Wasser-Verteilungskoeffizient eingeführt worden. Im Prinzip wird dabei die zu testende Substanz in ein Gefäß gegeben, Wasser und n-Octanol werden dazugegeben. Dann wird das Ganze kräftig durchgeschüttelt und nach einer Ruhephase trennen sich Octanol- und Wasserphase, wobei sich die Octanolphase an der Oberfläche ansammelt. Danach wird in jeder Phase die Konzentration der Testsubstanz bestimmt.

Lipophile Stoffe werden in erster Linie in die Octanolphase einwandern, hydrophile in die Wasserphase. Anhand der dann gemessenen Werte kann der Verteilungskoeffizient als logarithmischer Wert des Konzentrationsquotienten angegeben werden:

$$\text{Log } K_{OW} = \log (C_{Octanol}/C_{Wasser}) \text{ mit } C = \text{Konzentration}$$

Da es sich um eine logarithmische Angabe handelt, bedeuten alle positiven Werte eine Anreicherung in der Octanolphase und damit eine mögliche Bioakkumulierbarkeit. Die Tabelle gibt einige Beispiele.

Beispiele für Log K_{OW}-Werte verschiedener Substanzen und der damit verbunden linearen Anreicherungsfaktoren in der lipophilen Phase; nach Daten aus GESTIS

Substanz	Log K_{OW}	Anreicherungsfaktor linear
Acetamid	–1,26	0,05
Ameisensäure	–0,54	0,28
Ethanol	–0,3	0,5
Diethylether	0,89	7,8
Benzol	2,13	135
1,2-Dichlorbenzol	3,38	2400
4,4-DDT	6,36	2 300 000

Allerdings kann der Wert noch weitere Hinweise geben. Insbesondere lipophile Substanzen können auch die Nerven schädigen. Unsere Nerven sind von einer fettartigen Isolierschicht umgeben (Myelinscheiden), die eine besonders gute Nervenleitung ermöglicht. Diese Myelinscheiden können von lipophilen Substanzen, also von vielen Lösemitteln, aufgelöst werden, was zu mehr oder weniger starken Nervenschäden führen kann. Substanzen mit einem positiven Log K_{OW}-Wert dürfen daher auch als potenziell nervenschädigend angesehen werden.

Für die Gefährdungsbeurteilung im betrieblichen Arbeitsschutz spielt der Verteilungskoeffizient allerdings eine eher geringe Rolle. Er ist vor allem für Umweltbetrachtungen wichtig und für die Gefährdungen, die von dem Betrieb für Gewässer und Boden bzw. deren Lebewesen ausgehen.

5.9 Zusammenfassung

Die Tabelle fasst die für die Gefährdungsbeurteilung wichtigen kritischen Kennzahlen noch einmal zusammen und gibt Hinweise, welche relativen Gefährdungshöhen jeweils zu erwarten sind. Aber Achtung: Die Gesamtbeurteilung sollte sich nicht nur auf eine Kennzahl beziehen, es sind mögliche Interaktionen zu berücksichtigen.

Zusammenfassung der wichtigsten Kennwerte für die Gefährdungsbeurteilung und Hilfe für die Einstufung

Gefährdungskategorie	**Niedrig**	**Mittel**	**Hoch**
Korngröße, Feststoffe	grob, Pellets	Granulat, Kristalle	Pulver, Staub
pH-Wert	6,5–7,5	4,0–6,5; 7,5–9	< 4,0; > 9,0
Dampfdruck	< 10 hPa	10–50 hPa	> 50 hPa
Siedetemperatur	> 100 °C	65–100 °C	< 65 °C
Flammpunkt	> 40 °C	23–40 °C	< 23 °C
UEG	> 10 %	5–10 %	< 5 %
Zündtemperatur	> 300 °C	135–300 °C	< 135 °C
Löslichkeit	> 100 mg l^{-1}	30–100 ml l^{-1}	< 30 ml l^{-1}
Log K_{OW}	< 1	1–2	> 2

Kapitel 6
Wirkungen von Gefahrstoffen

Die Wirkungen von Gefahrstoffen lassen sich grundsätzlich in drei Kategorien einteilen:

1. direkte Einwirkungen auf die Gesundheit, z.B. beim Umgang mit giftigen oder ätzenden Stoffen,
2. indirekte Einwirkungen auf die Gesundheit durch physikalisch-chemische Prozesse wie Brände und Explosionen und
3. externe Wirkungen auf die Umwelt.

Nachfolgend wollen wir uns zunächst auf den ersten Faktor beschränken. Die Gefährdungen durch Brände und/oder Explosionen werden im nächsten Kapitel näher betrachtet.

6.1 Ohne Exposition keine Gefährdung

Ein Gefahrstoff kann nur wirken, wenn es in irgendeiner Weise zu einem Kontakt zwischen einer Person und dem Gefahrstoff kommt. Dies wird als „Exposition" bezeichnet und meint in aller Allgemeinheit das „Ausgesetztsein" des Menschen gegenüber einem oder mehreren Gefahrstoffen.

Merke:

Die Exposition erfolgt entweder durch

- Einatmen der Gefahrstoffe,
- durch direkten Hautkontakt oder
- durch Verschlucken von Substanzen.

Die Tabelle gibt einen Überblick über die drei genannten Expositionswege:

Expositionspfade und Beispiele für Gefahrstoffe

Pfad	Beschreibung	Beispiele und Bedingungen
Inhalation, Einatmen	Prinzipiell effektivster Weg der Gefahrstoffaufnahme; Schäden entweder direkt in den Atemwegen der Lunge, sowie an/in den Lungenbläschen, dort auch erleichterte Aufnahme der Stoffe in den Körper; erhöht sich durch körperliche Aktivität, da das sogenannte Atem-Minuten-Volumen ansteigt (Gefährdungserhöhung). Eine 75 kg schwere Person leitet ca. 2,4 m^3 Luft pro 8 h durch die Lungen.	Beim Auftreten von luftgetragenen Gefahrstoffen: Schweißrauche, Stäube, Dämpfe von Lösemitteln, Säuren, Basen u.a. Wasserlösliche Stoffe schädigen in erster Linie die oberen Atemwege; Säuredämpfe können aber auch bis in die Lungenbläschen gelangen und dort Wasseransammlungen mit Atemnot hervorrufen (Ödeme). Viele andere Gefahrstoffe wirken nicht direkt in der Lunge, werden dort aber gut in den Körper aufgenommen.
Dermal, Hautkontakt	Über lange Zeit unterschätzter Pfad der Gefahrstoffaufnahme; viele Stoffe können durch die Haut wandern und so in den Blutkreislauf gelangen; direkte Schädigung der Haut durch Verätzungen oder durch das Hervorrufen allergischer Wirkungen; Gefährdungsverstärkung bei geschädigter, verletzter oder aufgeweichter Haut (Feuchtarbeit).	Säuren und Basen schädigen mit tiefgehenden Hautwunden und Eindringen der Substanzen in den Körper. Laugenverätzungen sind gefährlicher als Säurekontakt. Aufnahme in den Körper insbesondere bei vielen Lösemitteln und lösemittelhaltigen Produkten. Auch die Exposition gegen Lösemitteldämpfe führt zur dermalen Aufnahme, nicht nur der direkte Kontakt durch Spritzer, Eintauchen etc.

Oral, Verschlucken	Heute nur noch in seltenen Fällen bedeutsamer Expositionspfad; Aufnahme meist durch unzureichende Hygiene (Essen, Trinken am Arbeitsplatz, mangelnde Händehygiene u.a.); Schädigungen der Speiseröhre und des Magen-Darm-Traktes sowie Übertritt in den Blutkreislauf mit den dann eintretenden Folgeschäden.	Insbesondere Feststoffe als Stäube oder gröbere Partikel im Zusammenhang mit der Nahrungsaufnahme; Flüssigkeiten können aber auch zu schweren Vergiftungen oder Verätzungen führen, wenn sie z.B. in Flaschen aufbewahrt werden, die an Lebensmittel erinnern oder diese mal enthielten.

Nach dieser Zusammenstellung ist also zwischen Schäden zu unterscheiden, die sich direkt an der Körperoberfläche vollziehen, und solchen, die sich erst nach Aufnahme eines Stoffes in den Körper als „biochemische Antwort" durch den Körper darstellen. Typische Schädigungen an der Körperoberfläche sind z.B. Verätzungen der Haut, der Schleimhäute und der Augen durch Säuren oder Laugen, das Austrocknen der Haut durch Kontakt mit Lösemitteln und die sich daraus ergebenden Folgeschäden sowie Schäden durch Feuchtarbeit.

Der beste Schutz ist daher die konsequente Expositionsvermeidung entsprechend einer Hauptforderung des Arbeitsschutzgesetzes, nämlich die Gefahren an der Quelle zu bekämpfen (§ 4 Nr. 2 ArbSchG).

6.2 Der Körper reagiert

Unser Körper steht in einem ständigen Austausch mit seiner Umwelt und nimmt z.B. durch die Nahrung oder das Einatmen ständig körperfremde Stoffe auf. Im Laufe der Evolution haben sich dabei biochemische Mechanismen herausgebildet, diese Stoffe entweder zu nutzen (z.B. Nahrungsbestandteile) oder wieder aus dem Körper zu eliminieren. Das äußere sichtbare Zeichen der Elimination sind unsere Ausscheidungen, denen aber die genannten komplexen biochemischen Abläufe vorausgegangen sind.

Gefahrstoffe sind dabei als solche Fremdstoffe zu betrachten, die der Körper mittels einer Kaskade an biochemischen Reaktionen zu verarbeiten bzw.

wieder auszuscheiden versucht. Dies geschieht zu einem großen Teil in der Leber. Gesundheitsschädlich wirken Stoffe vor allem dann, wenn der Körper entweder gar keine „Entgiftungsmechanismen“ aufweist oder diese sehr langsam arbeiten, so dass die „anflutendenden“ Mengen nicht hinreichend verarbeitet werden können.

Dabei tendieren viele Stoffe aufgrund ihrer chemischen Zusammensetzung oder Struktur dazu, bestimmte Organe oder Organtypen vornehmlich zu schädigen. So wirken sich z.B. Lösemitteldämpfe besonders negativ auf das Nervensystem und die Leber aus. Stäube können die Lunge derart schädigen, dass Krebs oder eine drastische Funktionseinbuße des Atmungsorgans auftreten kann. Andere Stoffe wiederum schädigen die Nieren, die Blase oder andere Organe (→ *Abbildung 12*). Eine Reihe von Stoffen sind dabei sehr „zielgenau“ und schädigen vornehmlich eines oder mehrere Organe. Das wohl bekannteste Beispiel ist dabei das Lösemittel Methanol, das vornehmlich das Auge schädigt und bis zur Blindheit führen kann. Solche Stoffe sind die STOT-Stoffe, die eine spezifische Organtoxizität aufweisen, eine „Specific Target Organ Toxicity“.

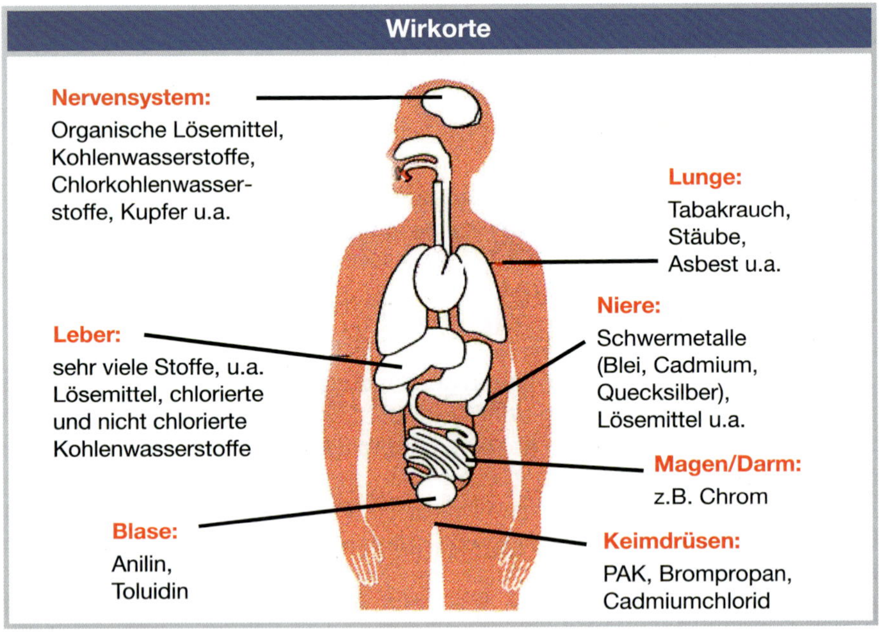

Abb. 12: *Wirkorte von Gefahrstoffen*

Wie sich leicht vorstellen lässt, hängt das Ausmaß der Wirkung von der Menge des aufgenommenen Stoffes ab, denn minimale Spuren führen nur in seltenen Fällen zu dramatischen Wirkungen. Allerdings ist es weniger die Menge an sich, sondern die Kombination aus Menge und Zeiteinwirkung (→ *Abbildung 13*). Eine kurzzeitige Exposition gegenüber niedrigen Konzentrationen führt meist nicht zu Schäden; das kann aber bei hohen Konzentrationen schon völlig anders aussehen. Im Gegensatz dazu können auch niedrige Dosen bei langer Zeiteinwirkung gefährlich werden.

Lösemittel, wie z.B. das in vielen Produkten enthaltene Styrol, führen bei hoher akuter Belastung zu starken Augen- und Nasenreizungen sowie unter anderem zu Schwindel, Benommenheit und Kopfschmerz. Wird die Exposition beendet, so verschwinden die Symptome rasch wieder. Eine jahrelange Exposition gegenüber geringen und häufig aufgrund von Gewöhnungseffekten gar nicht mehr wahrgenommenen Konzentrationen kann dagegen zu nicht mehr reversiblen Nervenschädigungen, Gleichgewichtsstörungen oder zu Beeinflussungen des Hörvermögens und des Farbsehens führen.

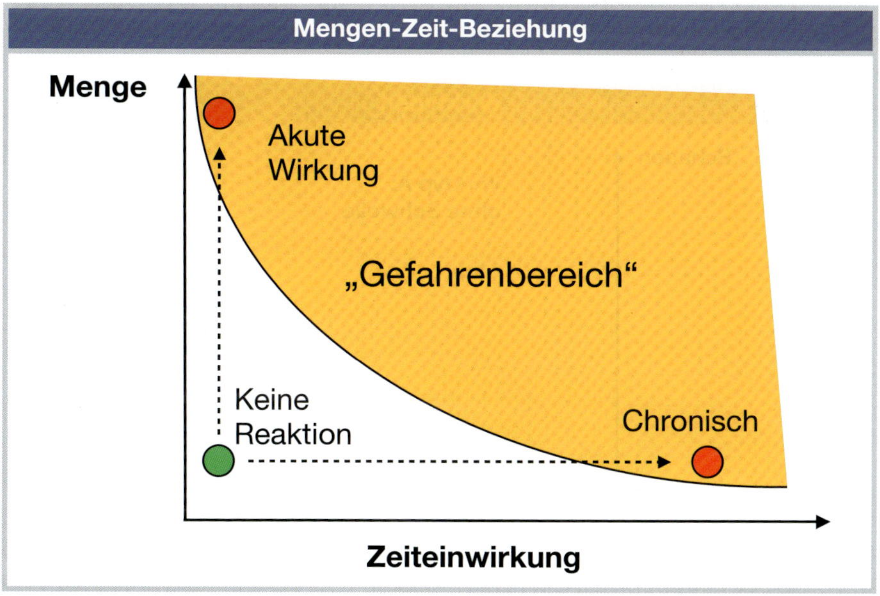

Abb. 13: *Nicht allein die Menge entscheidet über die Schädlichkeit eines Gefahrstoffes, sondern auch die Zeiteinwirkung*

Die Quintessenz für die Gefährdungsbeurteilung ist: Es darf nicht nur die Höhe, sondern es muss immer auch die Dauer der Exposition ermittelt werden.

Merke:

Bezüglich der Wirkungsdynamik können im Rahmen von Modellbetrachtungen zwei grundsätzliche Stofftypen unterschieden werden (→ auch *Abbildung 14*):

- Stoffe, die bereits bei kleinsten aufgenommenen Mengen ihre negative Wirkung entfalten können, so dass im Grundsatz jeglicher Kontakt mit diesen Stoffen als Gefährdung zu werten ist (Wirktyp A). Dies sind z.B. die meisten krebserzeugenden Substanzen wie Asbest, polyzyklische aromatische Kohlenwasserstoffe, Benzol, Hartholzstäube, Dieselmotoremissionen, Schweißrauche und diverse andere.
- Stoffe, die eine sogenannte „Wirkschwelle" haben (Wirktyp B): Bis zu einer bestimmten Konzentration kann der Körper sie ohne Probleme „entgiften" und/oder ausscheiden, so dass erst ab einer Grenzkonzentration die Schäden eintreten. Hierzu gehören die meisten in Betrieben verwendeten Gefahrstoffe.

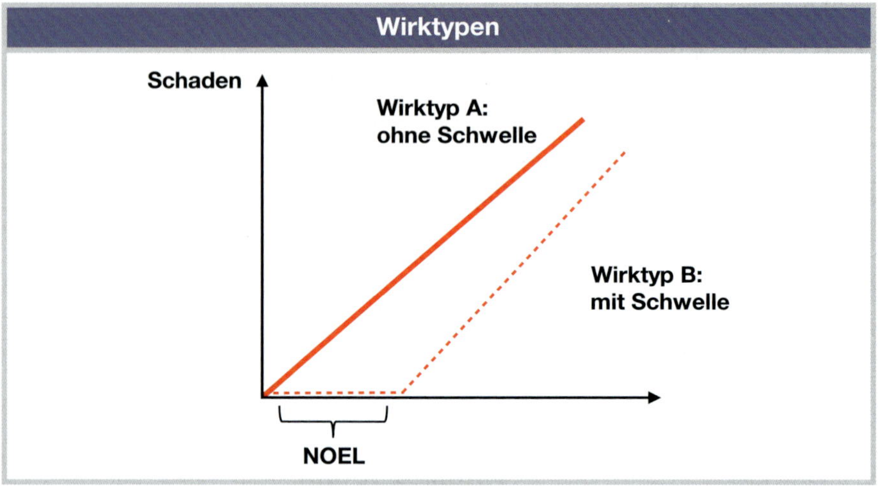

Abb. 14: *Die beiden grundsätzlichen Reaktionstypen von Gefahrstoffen; Stoffe vom Wirktyp B schädigen erst, nachdem eine Schwelle, der „No Observed Effect Level" (NOEL), überschritten ist*

Dementsprechend müssen Schutzkonzepte unterschiedlich ausgelegt sein. Ist eine geringe Exposition gegenüber Stoffen vom Wirktyp B akzeptabel, so sollte zumindest theoretisch eine Exposition gegenüber Stoffen vom Wirktyp A völlig unterbleiben. Letzteres ist allerdings in einigen Bereichen eine nicht erfüllbare Forderung, sodass entsprechende Maßnahmen zur Begrenzung der Exposition auf möglichst niedrigem Niveau erforderlich sind.

Der Gesetzgeber hat auf diese Situation mit zwei gänzlich unterschiedlichen Grenzwertkonzepten geantwortet, die im *Kapitel 8 „Expositionsbegrenzung und Grenzwerte“* näher erläutert werden.

Eine Stoffgruppe, die sich im Prinzip nach Wirktyp A verhält, soll hier besonders erwähnt werden: die sensibilisierenden Stoffe und Tätigkeiten. Diese Stoffe und ihre Wirkungen wurden lange unterschätzt, treten aber in der Praxis immer häufiger auf. Auch wenn die Auswirkungen nicht immer dramatisch oder gar lebensbedrohlich sind, so können sie doch Berufsunfähigkeiten und ganz erhebliche Einbußen an Lebensqualität bedeuten.

Grundsätzlich geht es dabei um Stoffe, die allergische Reaktionen hervorrufen können. Der Begriff „sensibilisierend“ bezieht sich dabei auf die Körperreaktion beim Erstkontakt mit diesen Stoffen. Bei diesem ersten Mal ist typischerweise keine äußerlich sichtbare Reaktion gegeben. Das Immunsystem reagiert aber auf die Stoffe, indem es in „Alarmbereitschaft“ versetzt wird. Vereinfacht ausgedrückt werden chemische Signale und Reaktionen ausgelöst, die einen Apparat an immunologischen Abwehrmechanismen bereitstellen, der bei jedem weiteren Kontakt voll angewendet wird. Das Ergebnis solcher, der Sensibilisierung nachfolgenden Kontakte sind dann u.U. Rötungen der Haut, Hautveränderungen, Schwellungen von Körperteilen, Atemnot, Auslösung von Asthmaanfällen bis hin zu sogenannten „anaphylaktischen Schocks“, die Lebensgefahr bedeuten können.

Diese Stoffe werden dem Wirktyp A zugeordnet, weil die allergischen Reaktionen nach dem sensibilisierenden Erstkontakt immer zum Tragen kommen und im Allgemeinen keine bestimmte Wirkschwelle vorhanden ist. Beispiele dafür sind Kontakte mit Nickel, Isocyanaten, organischen Quecksilberverbindungen und anderen chemischen Substanzen. Aber auch der Kontakt zu bestimmten Holzstäuben (meist Tropenhölzer), zu Latex, Tierhaaren u.a. kann zur Sensibilisierung mit anschließender allergischer Reaktionsfolge bei weiteren Kontakten führen. Listen der sensibilisierenden Stoffe und Tätigkeiten finden sich in der TRGS 907 sowie in der TRBA/TRGS 406 und den darin genannten weiteren Quellen.

Erschwert werden wissenschaftliche Aussagen zu Grenzwertkonzepten jedoch durch den Umstand, dass Menschen in sehr unterschiedlicher Weise auf die gleiche Gefahrstoffkonzentration reagieren können. Variationen in der biochemischen Ausstattung und Reaktivität der einzelnen Personen können in dem einen Fall sehr schnell eine Erkrankung hervorrufen, während die Kollegin oder der Kollege gegebenenfalls gar keinen Schaden von sich trägt. Das führt dazu, dass alle Grenzwertkonzepte „im Allgemeinen" gelten, also für den Großteil der Exponierten. In Einzelfällen können jedoch durchaus auch bei Einhaltung der Grenzwerte Krankheiten hervorgerufen werden.

Ähnliche Probleme ergeben sich bei der häufig anzutreffenden gleichzeitigen Exposition gegenüber mehreren Gefahrstoffen. Die folgende Tabelle stellt einige Beispiele für Kombinationswirkungen vor. Theoretisch sind dabei grundsätzlich vier Reaktionsmöglichkeiten vorhanden: Beim Dominanztyp bestimmt allein eine der Komponenten das Schadensspektrum und -ausmaß; es kann aber auch zu einer gegenseitigen, z.B. additiven oder exponentiellen, Verstärkung kommen und auch eine gegenseitige Wirkungsabschwächung (Inhibition) ist möglich.

Beispiele für Interaktionen zwischen Gefahrstoffen

Stoff 1	Stoff 2	Ergebnis
Aceton	Nitrosamine	Erhöhung der Lebergiftigkeit
2-Butanon	n-Hexan	Steigerung der Neurotoxizität
Phenol	Aceton	Bei gleichzeitigem Hautkontakt: Erhöhung der Tumorrate und -schwere
Styrol	Toluol	Blockierung des Abbaus von Styrol im Körper
Chloroform	Cadmium	Gegenseitige Steigerung der Zellgiftigkeit beider Stoffe

Ein weithin noch unbekanntes Thema ist die mögliche psychische Auswirkung von Gefahrstoffen. Für Arzneimittel ist diese bekannt und bei bestimmungsgemäßer Einnahme durchaus gewollt; bei industriell oder handwerklich verwendeten Stoffen wissen wir darüber fast nichts.

Einer der wenigen und relativ gut dokumentierten Fälle sind Pestizidexpositionen, die Depressionen auslösen oder verstärken können. Andererseits ist nicht verständlich, warum Gefahrstoffe, die auf das Nervengewebe einwirken, bei entsprechender, meist langjähriger Exposition nicht auch psychische Effekte hervorrufen können. Diesen möglichen Effekt von anderen Quellen psychischer Beeinflussung abzugrenzen, dürfte sehr schwierig sein. Auszuschließen ist er deshalb aber nicht.

Zusammenfassend bleibt festzuhalten, dass wir in der Regel gute Kenntnisse über die Wirkungen und Wirkungsweisen von Gefahrstoffen im Körper haben. Demgegenüber sind insbesondere individuell bedingte Variationen nicht nur wenig bekannt, sie sind auch in der Praxis nicht erfassbar. Darüber hinaus sind Kombinationswirkungen mehrerer Gefahrstoffe nicht hinreichend erforscht. Auch die Wirkung niedriger Dosen über lange Zeit ist schon aus experimentellen Gründen schwer zu fassen.

Damit diese Unsicherheiten nicht zu Schädigungen führen können, sind in der Gefahrstoffverordnung entsprechend der Vorgabe des Arbeitsschutzgesetzes, Gefahren an der Quelle zu bekämpfen, zwei grundlegende Prinzipien bei Tätigkeiten mit Gefahrstoffen niedergelegt: das Substitutions- und das Minimierungsgebot (§ 7 Abs. 3 Satz 1 und Abs. 4 Satz 2 GefStoffV).

Diese strikt einzuhaltenden Gebote sind unter anderem auch eine Reaktion auf unsere beschränkten Kenntnisse bzgl. der individuell unterschiedlichen Gefahrstoffwirkungen beim Menschen.

Kapitel 7
Brand- und Explosionsschutz

Bei der Gefährdungsbeurteilung ist auch für die Brand- und Explosionsgefahren das sogenannte STOP-Prinzip anzuwenden (→ hierzu *Kapitel 12 „Schutzmaßnahmen“*). Die Anwendung von personenbezogenen Schutzmaßnahmen (das P in STOP) ist allerdings bei der Brand- und Explosionsgefährdung nur sehr eingeschränkt möglich.

In § 11 der Gefahrstoffverordnung wird festgelegt, dass Gefährdungen durch Brand und Explosionen zu vermeiden, mindestens aber zu minimieren sind. Folgende Reihenfolge der Maßnahmen ist dabei einzuhalten:

1. Vermeidung von gefährlichen Mengen oder Konzentrationen von Gefahrstoffen, die zu einer Gefährdung durch Brand oder Explosion führen können,
2. Vermeidung von Zündquellen oder auslösenden Bedingungen für Brände und Explosionen und
3. Verringerung der schädlichen Auswirkungen von Bränden oder Explosionen auf ein Minimum.

Die Gefahrstoffverordnung greift damit die Prinzipien des Branddreiecks bzw. des Brand-Tetraeders auf (→ *Abbildung 15*). Voraussetzung für das Entstehen von Bränden bzw. Explosionen sind (Luft-)Sauerstoff, brennbare Stoffe, Zündquellen bzw. Zündenergie und die Kettenreaktion bei Bränden bzw. Explosionen. Der Unterschied zwischen Bränden und Explosionen ist die Geschwindigkeit der Ausbreitung (Kettenreaktion) und der damit verbundene (plötzliche) Druckanstieg bei der Explosion.

In der TRGS 721 wird eine Explosion als „plötzliche Oxidationsreaktion mit Anstieg der Temperatur, des Druckes oder beidem gleichzeitig“ definiert.

Bei den Strategien zur Vermeidung von Bränden oder Explosionen wird eine der drei Voraussetzungen

- brennbarer Stoff,
- (Luft-)Sauerstoff oder
- Zündquelle

vermieden oder die Kettenreaktion bei Explosionen unterbunden.

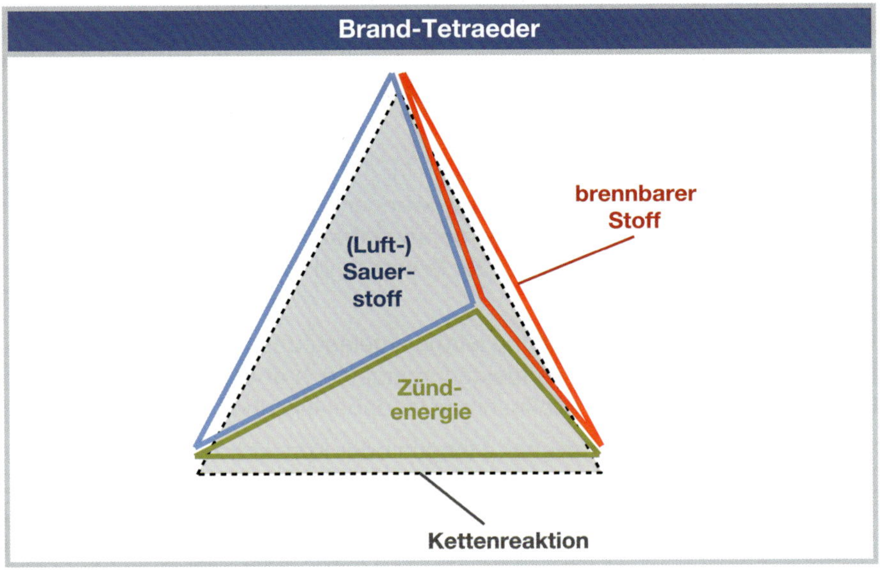

Abb. 15: *Voraussetzung für das Entstehen von Bränden bzw. Explosionen*

Das Entfernen von (Luft-)Sauerstoff ist bei Tätigkeiten mit Personen nicht möglich. Dieses Prinzip wird jedoch beim Einsatz von Löschmitteln sowie bei manchen technischen Anwendungen (z.B. in Serverräumen) aufgegriffen.

Es gibt allerdings Löschmittel, die den Sauerstoffanteil bei gleichzeitiger Erhöhung des Kohlendioxidanteils so reduzieren, dass ein Brand unterbunden werden kann, aber Personen für eine bestimmte Zeit noch (erschwert) atmen können.

Die generelle Vermeidung von brennbaren Stoffen (Substitutionsprüfung) sowie vor allem die Vermeidung explosionsfähiger Gemische (explosionsfähig heißt: die Konzentration liegt zwischen der unteren und der oberen Explosionsgrenze) oder die Vermeidung von Zündquellen/Zündenergien sind somit die Mittel der Wahl bei den zu ergreifenden Schutzmaßnahmen gegen Brand- und Explosionsgefahren.

Eine weitere Strategie im Explosionsschutz ist die Unterbrechung der Kettenreaktion. Dadurch werden sowohl die Ausbreitung als auch die Folgen des Explosionsereignisses und seine Auswirkungen vermindert.

Stoffe/Gemische, die bei der Gefährdungsbeurteilung hinsichtlich der Brand- und Explosionsgefahr besonders zu berücksichtigen sind

- Explosive Stoffe/Gemische (H200 bis H205, EUH001)
- Selbstzersetzliche Stoffe/Gemische, organische Peroxide (H240, H241, H242)
- Ammoniumnitrat und ammoniumnitrathaltige Gemische
- Entzündbare Gase (H220, H221), Aerosole (H222, H223) und Flüssigkeiten (H224 bis H226)
- Chemisch instabile Gase (H220 + H230, H220 + H231), pyrophore Gase (H220 + H232)
- Desensibilisierte explosive Stoffe/Gemische (H206, H207, H208)
- Entzündbare Feststoffe (H228)
- Pyrophore Flüssigkeiten und Feststoffe (H250)
- Selbsterhitzungsfähige Stoffe/Gemische (H251, H252)
- Brennbare Flüssigkeiten mit einem Flammpunkt von mehr als 60 °C
- Erfahrungsgemäß brennbare Feststoffe (Papier, Holz, Polyethylen, Polystyrol) und deren Stäube
- Andere Gefahrstoffe, die erfahrungsgemäß brennbar sind
- Gefahrstoffe mit den Gefahrenhinweisen H229, H230, EUH014, EUH018, EUH019, EUH044, EUH209, EUH209A
- Stoffe/Gemische oder Erzeugnisse, aus denen die oben genannten Stoffe freigesetzt werden

Brandfördernde Gefahrstoffe, d.h. Stoffe/Gemische, die Brände verstärken, unterhalten oder fördernd unterhalten, sind ebenfalls bei der Beurteilung der Brand- und Explosionsgefahren zu berücksichtigen.

Es handelt sich um

- oxidierende Gase (H270), oxidierende Flüssigkeiten (H271), oxidierende Feststoffe (H272)
- und um Stoffe/Gemische oder Erzeugnisse, aus denen oxidierende Gase/Flüssigkeiten/Feststoffe freigesetzt werden.

Zum Vorgehen bei der Beurteilung von Brand- und Explosionsgefahren wird zunächst die Behandlung der Brandgefahren und im zweiten Schritt die der Explosionsgefahren empfohlen (→ *Abbildung 16*).

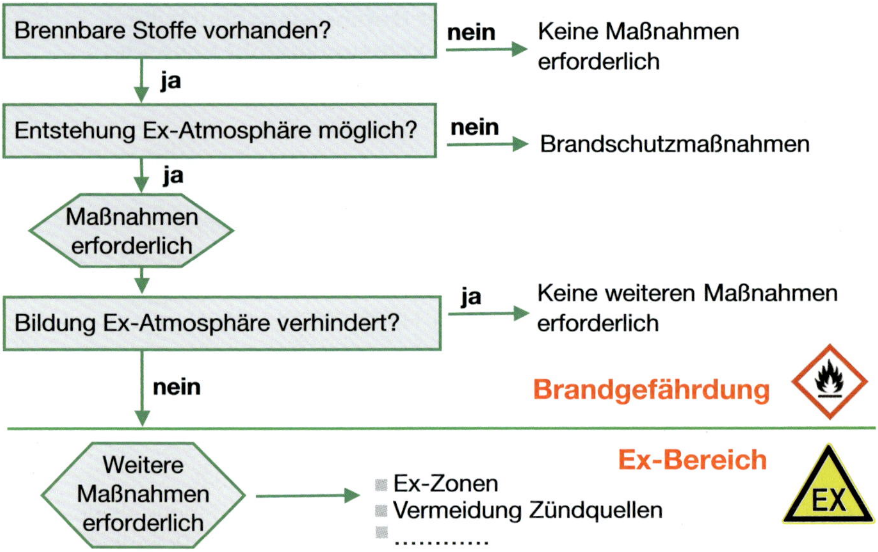

Abb. 16: *Vereinfachtes Vorgehen bei der Beurteilung von Brand- und Explosionsgefahren*

Der Arbeitgeber muss zunächst die notwendigen allgemeinen Schutzmaßnahmen gegen Brandgefahren umsetzen. Dies sind u.a. die Grundmaßnahmen nach der GefStoffV, also z.B. die Begrenzung der Gefahrstoffmengen am Arbeitsplatz. Dazu kommen die immer umzusetzenden Maßnahmen nach der ASR A 2.2 „Maßnahmen gegen Brände". Ist dies erfolgt, gilt es zu prüfen, ob diese Basismaßnahmen ausreichen. Ist dies der Fall, so endet die Gefährdungsbeurteilung an diesem Punkt.

Ist jedoch zusätzlich auch die Entstehung von explosionsfähiger Atmosphäre möglich, so muss zunächst geprüft werden, ob die gegen Brandgefahren bereits ergriffenen Maßnahmen auch ausreichen, um eine explosionsfähige Atmosphäre zu verhindern. Ist dies gewährleistet, so sind keine weiteren Maßnahmen zum Explosionsschutz erforderlich.

Kann jedoch die Bildung einer explosionsfähigen Atmosphäre damit nicht wirksam verhindert werden, so müssen entsprechende zusätzliche Explosionsschutzmaßnahmen ergriffen werden.

7.1 Brandgefährdung

Für die Beurteilung der Brandgefährdung sind folgende physikalisch-chemische Daten wichtig:

- für entzündbare Flüssigkeiten: Flammpunkt, Zündtemperatur und Brennpunkt,
- für Stäube: Glimmtemperatur, Schwelpunkt, Selbstentzündungstemperatur, Brennzahl, Zündtemperatur und
- für Gase: Entzündlichkeit, Explosionsgrenzen, Mindestzündenergie, Verbrennungsgeschwindigkeit.

Diese Daten lassen sich aus dem aktuellen Sicherheitsdatenblatt entnehmen oder sind in Gefahrstoffdatenbanken, wie z.B. der GESTIS-Stoffdatenbank, verzeichnet.

Weiterhin wichtig für die Beurteilung der Brandgefährdung ist die Menge der brennbaren Gefahrstoffe, der Dispersionsgrad und die Verteilung, die Wirksamkeit der Zündquelle sowie die Randbedingungen, wie z.B. der Druck, die Temperatur, der Sauerstoffgehalt, Luftströmungen, Luftfeuchtigkeit oder die räumlichen Gegebenheiten.

Die Höhe der Brandgefährdung wird in der TRGS 800 unterschieden in

- normale Brandgefährdung,
- erhöhte Brandgefährdung und
- hohe Brandgefährdung.

Eine normale Brandgefährdung liegt vor, wenn nur geringe Mengen an brennbaren oder oxidierenden Gefahrstoffen vorhanden sind und damit das Brandpotenzial vergleichbar gering ist.

In diesem Fall sind neben der Umsetzung der Grundpflichten der TRGS 800 keine weiteren Brandschutzmaßnahmen erforderlich, vorausgesetzt, die ergriffenen Maßnahmen erfüllen die Anforderungen aus der Arbeitsstättenverordnung, der Betriebssicherheitsverordnung und dem Bauordnungsrecht. Beispiele für Schutzmaßnahmen sind in Tabelle 1 der TRGS 800 aufgeführt.

Eine hohe Brandgefährdung liegt dann vor, wenn mehr als eine geringe Menge an brennbaren oder oxidierenden Gefahrstoffen vorliegt. Damit ist die Wahrscheinlichkeit einer Brandentstehung hoch und es kann zu einer schnellen und unkontrollierbaren Brandausbreitung, verbunden mit großer Rauchentwicklung oder Wärmefreisetzung, kommen.

Typische Arbeitsbereiche mit hoher Brandgefährdung sind z.B.

- chemische oder petrochemische Anlagen,
- Leichtmetallverarbeitung und Galvaniken,
- Spanplattenwerke, Sägewerke, Furnierwerke,
- Mühlen oder
- Lackieranlagen mit brennbaren Lösemitteln.

Arbeitsbereiche mit erhöhter Brandgefährdung sind solche, die nach den oben genannten Kriterien zwischen der normalen und der hohen Brandgefährdung liegen.

Bei erhöhter oder hoher Brandgefährdung reichen die Grundmaßnahmen der Gefahrstoffverordnung sowie die Maßnahmen nach der Arbeitsstättenverordnung, der Betriebssicherheitsverordnung und dem Bauordnungsrecht nicht mehr aus. Es sind zusätzliche Maßnahmen notwendig. Dies können bei erhöhter Brandgefährdung z.B. eine zusätzlich bauliche Trennung, Schutzabstände, besondere elektrische Schutzklassen der Geräte, organisatorische Maßnahmen wie Rauchverbot, Verbot von Feuer und offenem Licht oder eine regelmäßige Kontrolle des betreffenden Arbeitsbereichs sein.

Bei hoher Brandgefährdung können überdies z.B. Sicherheitsschränke, feuerbeständig abgetrennte Lagerräume, Brandmeldeanlagen oder Löschanlagen erforderlich werden.

Weitere Erläuterungen zu Brandschutzmaßnahmen sind in der TRGS 800 „Brandschutzmaßnahmen“ aufgeführt.

7.2 Explosionsgefahren

Mit der Änderung der Gefahrstoffverordnung im Jahr 2015 wurde der Brand- und Explosionsschutz aufgrund seiner stofflichen Eigenschaften von der Betriebssicherheitsverordnung in die Gefahrstoffverordnung verlagert. Lediglich die Prüfungen von Arbeitsmitteln in explosionsgefährdeten Bereichen und die Prüfung von technischen Schutzmaßnahmen hinsichtlich Funktion und Wirksamkeit durch befähigte Personen sind weiterhin in der Betriebssicherheitsverordnung geregelt.

Vier Voraussetzungen müssen gleichzeitig erfüllt sein, damit Explosionen mit gefährlichen Auswirkungen ausgelöst werden:

- Die brennbaren Stoffe liegen in einem hohen Dispersionsgrad (Verteilung) vor.

- Die Konzentrationen der brennbaren Stoffe in der Luft liegen zwischen den unteren und oberen Explosionsgrenzen.
- Eine gefahrdrohende Menge explosionsfähiger Atmosphäre ist vorhanden („gefährliche explosionsfähige Atmosphäre").
- Eine wirksame Zündquelle mit ausreichender Zündenergie ist vorhanden.

Als „explosionsfähige Atmosphäre" wird laut TRGS 720 „ein explosionsfähiges Gemisch aus Luft und brennbaren Gasen, Dämpfen, Nebeln oder Stäuben unter atmosphärischen Bedingungen" (Umgebungstemperatur von –20 °C bis +60 °C und Druck von 0,8 bar bis 1,1 bar) bezeichnet.

Daraus entsteht in Kombination mit einer wirksamen Zündquelle ein explosionsfähiges Gemisch.

Als „gefährliches explosionsfähiges Gemisch" wird ein explosionsfähiges Gemisch bezeichnet, „das in solcher Menge auftritt, dass besondere Schutzmaßnahmen für die Aufrechterhaltung der Gesundheit und Sicherheit der Beschäftigten oder anderer Personen erforderlich werden".

Bei Gasen und Dämpfen ist die Verteilung im Raum naturgemäß für das Zustandekommen einer Explosion entscheidend. Bei Nebeln oder Stäuben ist dies mit hinreichender Genauigkeit der Fall, wenn die Teilchen- bzw. Tröpfchengröße nicht über 1 mm liegt. Viele Aerosole, Stäube, Nebel liegen deutlich darunter, da sie üblicherweise eine Teilchengröße zwischen 0,1 und 0,001 mm haben.

Bei brennbaren Stäuben ist aber auch zu bedenken, dass abgelagerte Stäube eine erhebliche Gefährdung darstellen können. So reicht z.B. bereits eine ca. 1 mm starke Staubschicht, verteilt über die gesamte Bodenfläche, um beim Aufwirbeln einen Raum mit normaler Deckenhöhe mit einem explosionsfähigen Staub-Luft-Gemisch auszufüllen.

Für ein zündfähiges Gemisch muss der ausreichend verteilte brennbare Stoff in einer Konzentration mit Luft zwischen der unteren und oberen Explosionsgrenze vorliegen. Unterhalb der unteren Explosionsgrenze ist das Gemisch aus Luft und brennbarem Stoff „zu mager", oberhalb der oberen Explosionsgrenze ist es „zu fett". In beiden Fällen ist das Gemisch nicht zündfähig. Die untere und die obere Explosionsgrenze von brennbaren Stoffen mit Luft sind stoffspezifisch sehr unterschiedlich, Angaben dazu sind im Sicherheitsdatenblatt oder in der GESTIS-Stoffdatenbank zu finden (→ auch *Kapitel 5 „Sicherheitstechnische Kennzahlen", Abschnitt „Untere und obere Explosionsgrenze"*).

Gefahrdrohende Mengen explosionsfähiger Atmosphäre können mithilfe einer Faustregel abgeschätzt werden:

Merke:

In geschlossenen Räumen ist bereits eine explosionsfähige Atmosphäre von mehr als einem Zehntausendstel des Raumvolumens gefahrdrohend.

Dies bedeutet beispielsweise, dass bereits von 6 l explosionsfähige Atmosphäre bei einem Raumvolumen von 60 m^3 eine Gefahr ausgehen kann. Mehr als 10 l explosionsfähige Atmosphäre werden bei geschlossenen Räumen, unabhängig von der Raumgröße, grundsätzlich als gefährliche explosionsfähige Atmosphäre angesehen.

Diese Faustregel alleine reicht natürlich nicht für die Beurteilung der Explosionsgefahren aus.

7.3 Schutzmaßnahmen gegen Explosionsgefahren

Mit welchen Schutzmaßnahmen kann verhindert werden, dass sich eine gefahrdrohende Menge an explosionsfähiger Atmosphäre bildet?

Erreicht werden kann dies z.B.

- durch Substitution des brennbaren Stoffes (sofern betrieblich möglich),
- durch die Begrenzung der Menge/Konzentration,
- durch Inertisierung oder
- durch Druckabsenkung.

Abbildung 1 in der TRGS 720 gibt eine gute Übersicht, auf welchen Grundlagen spezifische Schutzmaßnahmen gegen Explosionsgefahren notwendig werden.

Maßnahmen zur *Begrenzung* der Menge und/oder Konzentration können bewirken, dass die untere Explosionsgrenze unterschritten oder die obere Explosionsgrenze überschritten wird. In beiden Fällen ist das Stoff-Luft-Gemisch dann nicht zündfähig.

Bei brennbaren Flüssigkeiten kann die untere Explosionsgrenze sicher unterschritten werden, wenn die Temperatur der Flüssigkeitsoberfläche ausreichend weit unterhalb des Flammpunkts der Flüssigkeit gehalten wird. Das

Maximum dieser Temperatur wird als unterer Explosionspunkt (UEP) bezeichnet. Sofern für die Flüssigkeit der UEP nicht bekannt ist, kann er unter Normaldruck und Luft als Bestandteil des Gemisches für folgende zwei Fälle abgeschätzt werden:

- bei reinen, nicht halogenierten Flüssigkeiten: 5 K unter dem Flammpunkt und
- bei Lösemittelgemischen ohne halogenierte Komponente: 15 K unter dem Flammpunkt.

In allen anderen Fällen kann diese Abschätzung nicht angewandt werden.

Bei Stäuben ist die Vermeidung gefährlicher explosionsfähiger Gemische durch eine Begrenzung der Menge und/oder Konzentration praktisch nicht zu erreichen.

Bei der *Inertisierung* wird durch die Zugabe von Gasen (z.B. Stickstoff, Kohlendioxid, Edelgase, Wasserdampf) der Sauerstoffanteil reduziert und damit die Bildung einer explosionsfähigen Atmosphäre verhindert. Das Inertgas sorgt somit dafür, dass kein zündfähiges Gemisch entsteht.

Wichtig für die Wirksamkeit der Inertisierung sind die Überwachung der Gemischkonzentration (Konzentration von Sauerstoff, Inertgas und brennbarem Stoff im Gemisch) und die Festlegung einer Alarmschwelle unterhalb der höchstzulässigen Sauerstoffkonzentration, bei der Schutzmaßnahmen ausgelöst werden.

Die Druckabsenkung ist eine weitere Möglichkeit, eine gefährliche explosionsfähige Atmosphäre zu vermeiden, da hierbei der zu erwartende Explosionsdruck reduziert wird. So kann für die meisten Gefahrstoffe z.B. mit einer Absenkung des Betriebsdruckes unter ca. 50 mbar bei entsprechenden Verfahren in der Regel eine gefährliche Explosionsausbreitung vermieden werden.

Die Tabelle auf der Folgeseite listet die TRGS auf, in der Sie weiterführende Informationen zu den Explosionsgefahren finden:

TRGS zu Explosionsgefahren

Nummer	Titel
TRGS 720	Gefährliche explosionsfähige Gemische – Allgemeines
TRGS 721	Gefährliche explosionsfähige Gemische – Beurteilung der Explosionsgefährdung
TRGS 722	Vermeidung oder Einschränkung gefährlicher explosionsfähiger Gemische
TRGS 725	Gefährliche explosionsfähige Atmosphäre – Mess-, Steuer- und Regeleinrichtungen im Rahmen von Explosionsschutzmaßnahmen
TRGS 727	Vermeidung von Zündgefahren infolge elektrostatischer Aufladungen

7.4 Explosionsschutzdokument

Das Explosionsschutzdokument wird in § 6 Absatz 9 der Gefahrstoffverordnung angeführt und weist aus, mit welchen Schutzmaßnahmen der Arbeitgeber den Explosionsgefahren begegnet.

Im Explosionsschutzdokument wird beschrieben,

- mit welchen Maßnahmen die Explosionsgefährdung verhindert bzw. vermindert wird,
- für welche Bereiche eine Zoneneinteilung gemäß TRGS 720 vorgenommen wurde,
- wie die Zusammenarbeit verschiedener Firmen im Arbeitsbereich zur Sicherstellung des Explosionsschutzes geregelt wurde und
- mit welchen Prüfungen zum Beispiel der Arbeitsmittel nach Betriebssicherheitsverordnung auch der Explosionsschutz gesichert wird.

Das Explosionsschutzdokument ist bei Vorhandensein einer gefährlichen explosionsfähigen Atmosphäre ein Bestandteil der Gefährdungsbeurteilung für Tätigkeiten mit Gefahrstoffen.

Kapitel 8 Expositionsbegrenzung und Grenzwerte

8.1 Grundlagen

Bei Tätigkeiten mit Gefahrstoffen hat der Arbeitgeber Gefährdungen der Gesundheit und der Sicherheit auszuschließen und, wenn dies nicht möglich ist, zu minimieren (§ 7 Abs. 4 GefStoffV). Dementsprechend sind alle verfügbaren Register zu ziehen, einschließlich der Substitution, um die Exposition der Beschäftigten gegenüber Gefahrstoffen so gering wie möglich zu halten. Erst wenn dies nicht möglich ist, sind Expositionen bis zu einem bestimmten Grenzwert zulässig.

Zurzeit gibt es eine ganze Reihe von Grenzwerten, die aber nicht alle gleich relevant sind. Manche kommen auch erst zum Tragen, wenn gesetzlich vorgesehene Grenzwerte nicht vorhanden sind.

Merke:

In der Regel sind die folgenden Grenzwerte von Bedeutung:

- der Arbeitsplatzgrenzwert (AGW),
- der Derived No Effect Level (DNEL),
- die Akzeptanz- und Toleranzkonzentrationen für krebserzeugende Stoffe nach dem Expositions-Risiko-Konzept (ERB) der TRGS 910 „Risikobezogenes Maßnahmenkonzept für Tätigkeiten mit krebserzeugenden Gefahrstoffen".

Diese vier Grenzwerte gelten für die Luft in der Arbeitsumgebung. Es gibt auch DNEL für Hautkontakt; sie haben aber bisher keine praktische Bedeutung. Als weiterer Luftgrenzwert kommt mindestens noch der MAK-Wert als zwar nicht mehr legaler, aber bei Fehlen eines AGW immer noch hilfsweise heranzuziehender Beurteilungsmaßstab hinzu. Außerdem gibt es in verschiedenen Technischen Regeln für Gefahrstoffe (TRGS) Grenzwerte, die allerdings keine AGW sind, sondern nur für die beschriebene Anwendung oder Tätigkeit gelten.

Es gibt auch zwei Grenzwerte, die für biologisches Material, wie z.B. Blut oder Urin, gelten und im Rahmen arbeitsmedizinischer Untersuchungen erhoben werden.

Merke:

Für biologisches Material sind anzuwenden:

- der Biologische Grenzwert (BGW),
- die Äquivalenzwerte nach dem ERB-Konzept.

Die Grenzwertsystematik schließt sich dabei an die zwei grundlegenden Modelle für die unterschiedlichen Stofftypen an, die im *Kapitel 6 „Wirkungen von Gefahrstoffen“* erläutert wurden. Stoffe, die in ihrer Wirkung einen Schwellenwert ausweisen, haben einen einzigen Grenzwert. Dagegen haben Stoffe, die sofort und nicht erst nach Überschreitung eines Schwellenwertes ihre schädigende Wirkung entfalten können, zwei Grenzwerte (ERB-Konzept; ERB = Expositions-Risiko-Beziehung). *Abbildung 17* verdeutlicht dies.

Im Gegensatz zu den „einfachen“, sogenannten „gesundheitsbasierten“ Grenzwerten, die einen im Allgemeinen unbedenklichen Bereich von einem gefährlichen Bereich abgrenzen, muss das ERB-Konzept Bereiche unter-

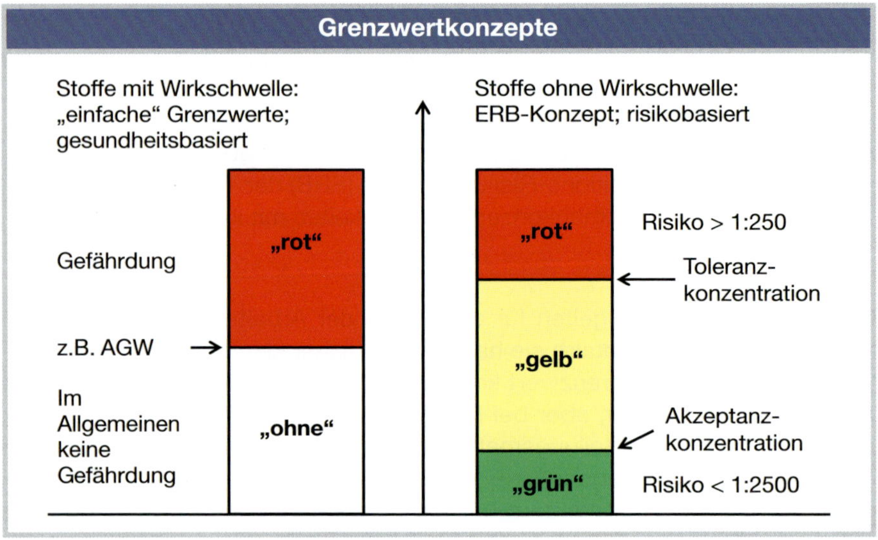

Abb. 17: *Das Prinzip der Grenzwertekonzeption im Gefahrstoffbereich*

schiedlicher Erkrankungsrisiken abgrenzen. Stoffe, die nach dem ERB-Konzept bewertet werden müssen, also z.B. krebserzeugende Stoffe, kennen keinen unbedenklichen Bereich, sondern nur Bereiche, in denen das Erkrankungsrisiko vergleichsweise gering ist. Hier handelt es sich um „risikobasierte" Luftgrenzwerte.

Die Tabelle stellt die wichtigsten und nachfolgend näher betrachteten Grenzwerte zusammen:

Zusammenstellung der wichtigsten Grenzwerte nach Medium und Wirktyp

Medium	Wirktyp	
	mit Schwellenwert	ohne Schwellenwert
Luft	AGW (MAK) DNEL Grenzwert in TRGS	Akzeptanz-/Toleranzkonzentration (DMEL)
biologisches Material	BGW	Äquivalenzwerte

Merke:

Bei gesundheitsbasierten Grenzwerten (z.B. AGW, BGW) darf davon ausgegangen werden, dass bei ihrer Einhaltung im Allgemeinen kein Gesundheitsschaden auftritt. Bei risikobasierten Grenzwerten sind dagegen Erkrankungen immer möglich, aber die Wahrscheinlichkeit einer Erkrankung kann reduziert werden.

8.2 Gesundheitsbasierte Luftgrenzwerte

Gesundheitsbasierte Luftgrenzwerte sind – wie bereits erwähnt – solche, für die aufgrund des Vorhandenseins eines Schwellenwertes ein Bereich definiert werden kann, bei dessen Einhaltung es im Allgemeinen nicht zu einer Gesundheitsschädigung kommt (→ *Abbildung 17*).

8.2.1 Arbeitsplatzgrenzwert (AGW)

Der AGW ist der wichtigste vom Gesetzgeber festgelegte Grenzwert („legaler" Grenzwert), der im Gefahrstoffbereich anzuwenden ist. Die Gefahrstoffverordnung hat den Arbeitsplatzgrenzwert wie folgt definiert:

Der Arbeitsplatzgrenzwert ist der Grenzwert für die zeitlich gewichtete durchschnittliche Konzentration eines Stoffs in der Luft am Arbeitsplatz in Bezug auf einen gegebenen Referenzzeitraum. Er gibt an, bis zu welcher Konzentration eines Stoffs akute oder chronische schädliche Auswirkungen auf die Gesundheit von Beschäftigten im Allgemeinen nicht zu erwarten sind. (§ 2 Abs. 8 GefStoffV)

Der in der Definition genannte Referenzzeitraum ist 8 Stunden bei 5-tägiger Tätigkeit mit dem Stoff, extrapoliert auf eine 40-jährige Beschäftigung. Das bedeutet: Der Wert ist so ermittelt, dass es unter diesen Bedingungen im Allgemeinen nicht zu einer Schädigung kommt. Bei der praktischen Ermittlung vor Ort werden aber selbstverständlich nur die 8 Stunden in Bezug genommen.

Grundsätzlich ist der AGW einzuhalten, er darf aber unter ganz eng definierten und beschriebenen Bedingungen kurzzeitig überschritten werden. Sowohl die einzelnen Werte als auch die Überschreitungsmodalitäten sind in der Technischen Regel für Gefahrstoffe (TRGS) 900 „Arbeitsplatzgrenzwerte“ niedergelegt.

Für die Beurteilung, ob der AGW eingehalten ist, muss der Stoffindex I ermittelt werden, wobei gilt:

$$I = C/AGW$$

mit:

I = Stoffindex
C = gemessene zeitgemittelte Konzentration für den Stoff
AGW = Arbeitsplatzgrenzwert

Der AGW ist dann eingehalten, wenn $I \leq 1$ ist.

Etwas komplizierter wird es, wenn bei der Arbeit mehrere Stoffe auftreten, die einen AGW haben. Dann ist es nicht etwa so, dass jeder Stoff einzeln für sich bewertet wird, sondern es muss ein gemeinsamer Bewertungsindex BI nach der RCP-Methode (RCP = reciprocal calculation-based procedure) berechnet werden:

$$BI_{AGW} = \Sigma\, I_{1-n} = C_1/AGW_1 + C_2/AGW_2 + \ldots\ldots + C_n/AGW_n$$

Der Grenzwert ist dann eingehalten, wenn $BI_{AGW} \leq 1$ ist.

Beispiel

Für drei Komponenten wurden die folgenden Konzentrationen ermittelt: C_1 = 200 mg/m³, C_2 = 500 mg/m³ und C_3 = 20 mg/m³. Die dazugehörigen AGW lauten AGW_1 = 800 mg/m³, AGW_2 = 1500 mg/m³ und AGW_3 = 40 mg/m³.

Daraus errechnen sich leicht die einzelnen Stoffindizes zu I_1 = 0,25, I_2 = 0,33, I_3 = 0,5. Für jede Einzelkomponente ist damit der jeweilige Grenzwert deutlich eingehalten.

Bei der Berechnung des BI hingegen ergibt sich: BI_{AGW} = 0,25 + 0,33 + 0,5 = 1,08. Damit ist der AGW für das Dreikomponentensystem nicht eingehalten und es sind entsprechende Reduktionsmaßnahmen vorzusehen.

Mit Bezug auf die Messungen sollte an dieser Stelle noch festgehalten werden, dass dem 8-Stunden-Integrationscharakter des AGW hinreichend Rechnung getragen werden muss. Eine einzige Messung als repräsentativ für den gesamten Referenzzeitraum anzunehmen, ist kühn und meistens falsch. In der Praxis liegen in der Regel keine konstanten Gefahrstoffkonzentrationen vor, sondern diese werden je nach Tätigkeitsablauf variieren. Eine ausreichende Messabdeckung über den gesamten Zeitraum ist daher erforderlich. Die TRGS 402 zu den inhalativen Belastungen macht hierzu in ihrer Anlage 3 Tabelle 2 klare Vorgaben. Je nach Mittelungsdauer des Messverfahrens sind zwischen 1 und 30 Messungen für eine fachkundig ausgeführte Messung zur Beurteilung der Einhaltung eines Grenzwertes erforderlich.

8.2.2 Maximale Arbeitsplatzkonzentration (MAK)

Die MAK-Werte werden von der „Ständigen Senatskommission zur Prüfung gesundheitsschädlicher Arbeitsstoffe“ der Deutschen Forschungsgemeinschaft (DFG) festgelegt und herausgegeben. Bis 2005 waren sie die legalen Grenzwerte und als solche in der TRGS 900 aufgeführt. Im Zuge der damals erfolgten Novellierung der Gefahrstoffverordnung wurden sie durch die AGW abgelöst.

Seit jeher sind die MAK-Werte die Grundlage (bzw. seit 2005 die wichtigste Grundlage) für die Bekanntgabe von Luftgrenzwerten durch das zuständige Ministerium, so dass eine enge Beziehung zwischen beiden besteht. Der Grundgedanke ist, die toxikologisch und gesundheitsbasiert abgeleiteten MAK-Werte nach einer Überprüfung als AGW erneut (und gegebenenfalls korrigiert) zu nutzen.

Aufgrund dieser inneren Zusammenhänge dürfen MAK-Werte dann herangezogen werden, wenn es noch keinen AGW für einen bestimmten Stoff gibt. Sie sind auch prioritär gegenüber den DNEL anzuwenden. Die jeweils gültigen Stofflisten sind über die Internetseiten der DFG einsehbar (https://www.dfg.de/dfg_profil/gremien/senat/arbeitsstoffe/).

8.2.3 Derived No Effect Level (DNEL)

Die beiden bisher genannten Grenzwerte werden durch Kommissionen bzw. Ausschüsse in staatlichem Auftrag erarbeitet. Anders beim DNEL: Dieser ist durch die Hersteller oder Inverkehrbringer im Rahmen der Vorgaben der europäischen REACH-Verordnung zu erstellen. Alle Hersteller, die mehr als 10 Tonnen einer Chemikalie bzw. eines „Stoffes" pro Jahr in Verkehr bringen, müssen einen sogenannten „Stoffsicherheitsbericht" erstellen und dabei auch den DNEL festlegen.

Die fachlich-toxikologische Ermittlung ist ähnlich wie beim AGW und den MAK-Werten, so dass auch ähnliche Werte entstehen. Der Unterschied liegt allerdings darin, dass die „staatlichen" Grenzwerte einem z. T. zeitlich sehr langen Abstimmungsprozess unterliegen, während die DNEL im Rahmen der Produktentwicklung erarbeitet werden und dann entsprechend schnell in Umlauf kommen.

Grundsätzlich gilt für die Anwendung im Arbeitsschutz der Primat der staatlichen Regelung vor der privatwirtschaftlichen. Wenn also gleichzeitig ein AGW und ein DNEL vorliegen, so ist grundsätzlich der AGW anzuwenden. Gibt es keine staatliche Vorgabe, so ist der DNEL anzuwenden.

Die für den jeweiligen Stoff oder das jeweilige Produkt geltenden DNEL finden sich im zugehörigen Sicherheitsdatenblatt unter Unterabschnitt 8.1 „Zu überwachende Parameter". Unabhängig davon führt die Deutsche Gesetzliche Unfallversicherung eine Übersichtsliste von DNEL, die nach den Herstellerangaben erstellt wurde und gepflegt wird. Sie ist im Internet unter dem Link https://www.dguv.de/ifa/gestis/gestis-DNEL-liste/index.jsp zu finden.

Das Verhältnis zwischen DNEL und AGW sowie die Anwendung des weiter unten beschriebenen DMEL erläutert die Bekanntmachung für Gefahrstoffe (BekGS) 409 „Nutzung der REACH-Informationen für den Arbeitsschutz". Hier finden sich auch wertvolle Hinweise zur Anwendung von Risikomanagement-Maßnahmen.

8.2.4 Stoffspezifische TRGS

Einen Sonderfall stellen solche Grenzwerte dar, die in besonderen Technischen Regeln genannt sind. Diese haben (nahezu) den gleichen Stellenwert wie AGW und sind daher bei den beschriebenen Tätigkeiten bzw. beim Umgang mit den Stoffen anzuwenden. Beispielhaft ist die TRGS 553 „Holzstaub" zu nennen. Allerdings behandeln viele TRGS auch solche Stoffe, die krebserzeugend sind und deren Werte nicht in die Kategorie der gesundheitsbasierten Grenzwerte fallen. Hier handelt es sich vielmehr um risikobasierte Grenzwerttypen.

8.2.5 Weitere Grenzwerte

Neben den erwähnten wichtigsten Grenzwerten gibt es noch weitere, die hier der Vollständigkeit halber erwähnt werden:

TLV bzw. TWA – Threshold Limit Value bzw. Time Weighted Average: Grenzwerte, die von der American Conference of Governmental Industrial Hygienists (ACGIH) festgelegt werden und in ihrer Definition und dem betrachteten Referenzzeitraum dem AGW ähneln. Die TRGS 402 ermöglicht ihre Anwendung, wenn kein nationaler Grenzwert besteht. Dies gilt im Grundsatz auch für andere ausländische Grenzwerte, z.B. aus den Niederlanden, Frankreich, Dänemark etc. Eine Liste der ausländischen Grenzwerte ist über www.dguv.de abrufbar.

IOELV – Indicative Occupational Exposure Limit Values: Es handelt sich um europäische Richtgrenzwerte mit der Aufforderung, diese national umzusetzen. Hierbei sind die von der EU genannten Werte „Anregungen" und dürfen national auch anders festgelegt werden. Die jeweils gültigen Werte können in der GESTIS-Datenbank der Deutschen Gesetzlichen Unfallversicherung nachgeschlagen werden.

BOELV – Binding Occupational Exposure Limit Values: Von der EU festgelegte und verbindliche Arbeitsplatzgrenzwerte, die zwar verschärft, aber nicht „aufgeweicht" in nationales Recht übernommen werden dürfen. Hier sind zurzeit alle Vorgaben national umgesetzt.

8.3 Risikobasierte Luftgrenzwerte

Wie bereits erwähnt, folgen risikobasierte Luftgrenzwerte einer eigenen toxikologischen Modellvorstellung für bestimmte, meist krebserzeugende, Stoffe. Hier ist es nicht möglich, einen im Prinzip „unschädlichen" Bereich anzugeben. Risikobasierte Grenzwerte geben daher Bereiche an, bei deren Einhaltung sich die Anzahl an Neuerkrankungen in einem gesellschaftlich tolerierten Maß bewegt. Es gibt weit weniger risikobasierte als gesundheitsbasierte Grenzwerte.

8.3.1 Akzeptanz- und Toleranzkonzentrationen

Das ERB-Konzept ist ein seit ungefähr 15 Jahren verfolgter Ansatz, der sich bis 2013 im Erprobungsstadium befand und seit 2014 in der TRGS 910 festgelegt ist.

Nach diesem Konzept gibt es für die entsprechenden Stoffe zwei Grenzwerte: Die **Akzeptanzkonzentration** grenzt einen Bereich ab, bei dessen Einhaltung das Risiko von Neuerkrankungen bei unter 4 : 10 000 oder 1 : 2500 liegt. Der sogenannte „grüne" Bereich ist also nicht „harmlos". Auch hier können Erkrankungen entstehen, wenn auch relativ wenige. Deswegen sind auch immer die Grundpflichten und Grundmaßnahmen nach den §§ 7 und 8 der Gefahrstoffverordnung inklusive des Substitutions- und Minimierungsgebotes einzuhalten.

Nach Überschreiten der Akzeptanzkonzentration („gelber" Bereich) sind zusätzliche Schutzmaßnahmen zu treffen, etwa nach §§ 9 und 10 der Gefahrstoffverordnung bzw. nach Tabelle 1 in Abschnitt 4 der TRGS 910.

Die **Toleranzkonzentration** legt einen Konzentrationsbereich fest, ab dem das Erkrankungsrisiko auf 4 : 1000 bzw. 1 : 250 gestiegen ist. Mit der Toleranzkonzentration beginnt gewissermaßen eine „verbotene Zone", in der nur unter strengsten Sicherheitsauflagen gearbeitet werden darf.

Aufgrund hoher Anforderungen an die Untersuchung gibt es Akzeptanz- und Toleranzkonzentrationen bisher nur für wenige Stoffe bzw. Verbindungsklassen. Als ein typisches Beispiel sei Asbest genannt mit einem Akzeptanzwert von 10 000 Fasern/m^3 Luft und einem Toleranzwert von 100 000 Fasern/m^3 Luft.

8.3.2 Derived Minimum Exposure Level (DMEL)

Im Zuge der Ausgestaltung der REACH-Verordnung durch entsprechende „Guidelines" wurde der DMEL als Grenzwertempfehlung für Stoffe eingeführt, für die es keinen DNEL geben kann, also vor allem für krebserzeugende und keimzellmutagene Stoffe. Der DMEL gibt eine Konzentration an, unter der es keine hohe Zahl an Neuerkrankungen gibt. Allerdings ist im Gegensatz zum ERB-Konzept der TRGS 910 dieser Risikowert nicht festgelegt.

Außerdem ist der DMEL gar nicht in der REACH-Verordnung verankert, sondern nur in besonderen „Guidelines“ definiert worden, was die Frage nach der Rechtsverbindlichkeit aufkommen lässt. Ein weiterer Kritikpunkt ist, dass das toxikologische Modell eher den üblichen Grenzwertkonzepten nicht krebserzeugender Stoffe folgt. Wissenschaftler sehen daher den DMEL eher skeptisch.

Insgesamt gesehen kann dieser Grenzwert in der Praxis angewendet werden. Er sollte aber aus präventiven Gründen als „Toleranzwert“ wahrgenommen werden und nicht etwa als Akzeptanzwert.

8.4 Grenzwerte für biologisches Material

Grenzwerte gibt es nicht nur für die Exposition durch Luft im Arbeitsbereich, sondern auch für Körperflüssigkeiten wie Blut oder Harn. Eine Exposition ist ja auch durch Hautkontakt oder Verschlucken möglich, etwa wenn am Arbeitsplatz gegessen und getrunken wird. Hierfür gibt es aber keine handhabbaren Grenzwerte für die Arbeitsumgebung.

Die zu bestimmenden Konzentrationen in diesen biologischen Materialien zeigen also eine Exposition gegenüber den Gefahrstoffen an, deren Quelle dann im Rahmen weiterer Ermittlungen bestimmt werden muss. Sie haben also sowohl eine Warn- als auch eine Kontrollfunktion. Derzeit gibt es zwei Typen von Grenzwerten.

8.4.1 Biologischer Grenzwert (BGW)

Der Biologische Grenzwert ist – stark vereinfacht gesprochen – das Pendant zum AGW (→ auch *Tabelle auf Seite 117*) und in der Gefahrstoffverordnung wie folgt definiert:

> Der Biologische Grenzwert ist der Grenzwert für die toxikologisch-arbeitsmedizinisch abgeleitete Konzentration eines Stoffs, seines Metaboliten oder eines Beanspruchungsindikators im entsprechenden biologischen Material. Er gibt an, bis zu welcher Konzentration die Gesundheit von Beschäftigten im Allgemeinen nicht beeinträchtigt wird. (§ 2 Abs. 9 GefStoffV)

Diese Definition ähnelt sehr der für den AGW, da auch der BGW als „Schwellenwert“ charakterisiert wird. Die für die Anwendung entsprechenden Werte einschließlich der Angaben des zu untersuchenden Materials sind in der TRGS 903 „Biologische Grenzwerte (BGW)“ zu finden.

8.4.2 Äquivalenzwerte

Sind die Biologischen Grenzwerte die Entsprechung des AGW, so sind die sogenannten stoffspezifischen Äquivalenzwerte das biologische Pendant zu den Toleranz- und Akzeptanzkonzentrationen bei krebserzeugenden Stoffen.

Die Definition ist aber nicht in der Gefahrstoffverordnung gegeben, sondern in der TRGS 910:

> Der Äquivalenzwert zur Akzeptanz- oder Toleranzkonzentration ist diejenige Konzentration eines krebserzeugenden Arbeitsstoffes beziehungsweise seines Metaboliten in Körperflüssigkeiten, die bei einer ausschließlich inhalativen Exposition des Arbeitsstoffes [der Konzentration] in der Luft entspricht, bei der das Akzeptanz- bzw. das Toleranzrisiko erreicht ist. (TRGS 910 Nr. 2 Abs. 6)

Entsprechend dem ERB-Konzept gibt es jeweils zwei Äquivalenzwerte, nämlich einen Äquivalenzwert zur Akzeptanz- und einen zur Toleranzkonzentration. Die entsprechenden Werte finden sich in Anlage 1 Tabelle 2 der TRGS 910.

8.5 Reihenfolge der Grenzwerte – und wenn es keinen gibt?

Dieses Kapitel zeigt, dass es eine Fülle von Grenzwerten gibt, die besonders Anfänger oder Personen, die sich nicht sehr häufig mit Gefahrstoffen befassen, leicht verwirrt. Die Frage taucht auf: Welche Grenzwerte sind denn nun in meinem Betrieb, bei meiner Tätigkeit anzuwenden?

Für die korrekte Feststellung sind zwei Prinzipien leitend:

1. Es muss zunächst geklärt werden, ob es sich um krebserzeugende Stoffe oder um andere Stoffe handelt. Bei krebserzeugenden Stoffen sind die risikobasierten Grenzwerte anzuwenden, bei den anderen Stoffen die gesundheitsbasierten.
2. Wurde die richtige „Kategorie" gewählt, so gilt im Prinzip immer, dass allgemein festgelegte Grenzwerte wie der AGW höherrangig sind als welche, die in spezifischen TRGS vorkommen. Diese sind wieder vom Rang höher als andere Grenzwerttypen. Es gilt das „Ober-schlägt-Unter-Prinzip".

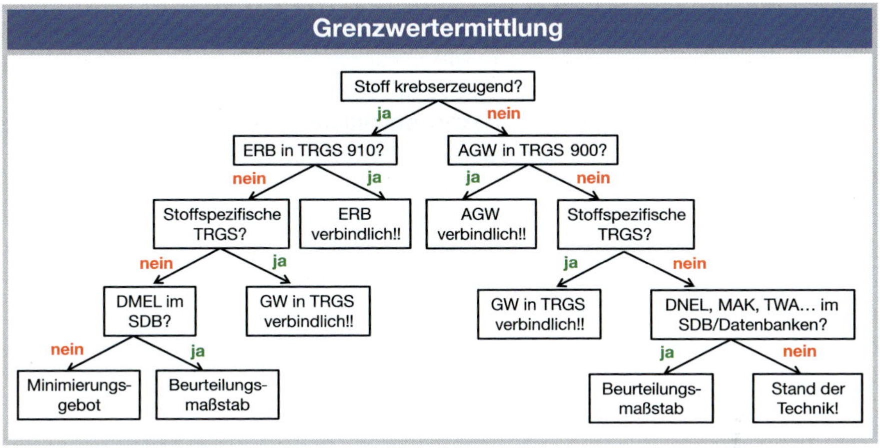

Abb. 18: *Vorgehen zur Bestimmung des jeweils gültigen Beurteilungswertes*

Die *Abbildung 18* veranschaulicht in einem Fließdiagramm die richtige Vorgehensweise und erklärt schneller als weitere lange Sätze.

Nun kann es aber vorkommen, dass trotz aller Bemühungen kein Grenz- oder Beurteilungswert zu finden ist. In solchen Fällen gilt streng das Minimierungsgebot („So wenig wie machbar"), wobei dem Stand der Technik eine besondere Rolle zukommt. Insbesondere im Bereich von Anlagen und technischen Fertigungen ist die Einhaltung des „Stands der Technik" wichtig.

Für den Bereich der Gefahrstoffe ist dieser Begriff wie folgt definiert:

> Der Stand der Technik ist der Entwicklungsstand fortschrittlicher Verfahren, Einrichtungen oder Betriebsweisen, der die praktische Eignung einer Maßnahme zum Schutz der Gesundheit und zur Sicherheit der Beschäftigten gesichert erscheinen lässt. Bei der Bestimmung des Stands der Technik sind insbesondere vergleichbare Verfahren, Einrichtungen oder Betriebsweisen heranzuziehen, die mit Erfolg in der Praxis erprobt worden sind. Gleiches gilt für die Anforderungen an die Arbeitsmedizin und die Arbeitshygiene. (§ 2 Abs. 15 GefStoffV)

Um diesen Stand der Technik für das eigene Unternehmen zu sichern, sind z.T. aufwendige Erhebungen notwendig. Hierbei unterstützt die TRGS 460 „Vorgehensweise zur Ermittlung des Standes der Technik".

Es gibt aber noch eine weitere Hilfe: das Arbeiten in Übereinstimmung mit einer tätigkeitsspezifischen TRGS oder einem verfahrens- und stoffspezifischen Kriterium (VSK).

Für viele Tätigkeiten legen spezifische Technische Regeln für Gefahrstoffe eine Arbeitsweise fest, mit der die Sicherheit und Gesundheit der Beschäftigten gewährleistet werden kann. In vielen Fällen wird auf jegliche Messung oder Grenzwertprüfung verzichtet. Ähnliches gilt für die VSK, die in der TRGS 420 aufgelistet sind. Diese sind erprobte Techniken, bei denen der Anwender davon ausgehen darf, dass bei korrekter Umsetzung keine inhalativen Belastungen auftreten, die Grenzwertfrage also für ihn uninteressant wird. Nähere Informationen hierzu → *Kapitel 9 „Expositionsbestimmung“, Abschnitt „Übertragung von Ergebnissen“*.

Kapitel 9
Expositionsbestimmung

Ein wichtiger Schritt in der Gefährdungsbeurteilung besteht darin, festzustellen, ob eine Exposition gegenüber Gefahrstoffen besteht und wie hoch diese Exposition ist. Dafür gibt es verschiedene Methoden:

1. semiquantitative Abschätzungen,
2. Messungen,
3. rechnerische Abschätzungen,
4. Übertragung von Ermittlungsergebnissen und
5. Verzicht auf die Expositionsermittlung.

Grundsätzlich ist der Arbeitgeber verpflichtet, existierende Grenzwerte einzuhalten oder – wenn diese nicht existieren – die Wirksamkeit technischer Schutzeinrichtungen durch geeignete Ermittlungsmethoden zu überprüfen. Dazu können auch Arbeitsplatzmessungen gehören (§ 7 Abs. 8 und 9 GefStoffV). Im Folgenden werden die verschiedenen Methoden vorgestellt.

9.1 Semiquantitative Abschätzungen

In vielen Fällen ist es ausreichend, die relative Höhe der Exposition zu ermitteln, ohne dabei einen konkreten Zahlenwert zu erhalten. Dies gilt insbesondere dann, wenn es z.B. keine Grenzwerte gibt und daher Mess- oder Berechnungsergebnisse gar nicht interpretierbar wären. Was sagt denn ein ermittelter Wert von z.B. 2,3 mg/m^3 ohne eine entsprechende Bezugsgröße aus?

Semiquantitative Abschätzungen können aber auch eine Vorstufe zu tiefergehenden Analysen sein, wobei in einem ersten Schritt ermittelt wird, was gegebenenfalls zu erwarten ist.

Als Beurteilungsmaßstäbe werden dabei z.B. das Freisetzungsverhalten von Stoffen, u.a. anhand des Dampfdrucks bei Flüssigkeiten oder der Korngröße bei Feststoffen, sowie die Anwendungsbedingungen herangezogen. Faktoren, die hohe Gefahrstoffkonzentrationen in der Luft fördern, sind in der ersten Übersicht aufgeführt:

Faktoren, die eine hohe Gefahrstoffkonzentration und damit eine hohe inhalative Exposition fördern

Stoffbedingte Faktoren	
• Hoher Dampfdruck/niedriger Siedepunkt bei Flüssigkeiten • Gasförmiger Aggregatzustand • Kleine Korngrößen (Stäube) bei Feststoffen	
Verfahrensbedingte Faktoren	
• Offene Anwendungen • Große Quellflächen • Große Stoffmengen • Versprühen/Vernebeln	• Erhöhte Temperaturen • Lange Bearbeitungsdauer • Geringer Luftaustausch

Aus diesen Faktoren lässt sich dann die relative Höhe der inhalativen Exposition über die Matrix in der zweiten Übersicht auf der nächsten Seite abschätzen, die auf das „Gefahrzahlsystem"[1] zurückgeht. Dabei kann diese Darstellung auch genutzt werden, um festzustellen, ob mit dem Auftreten brennbarer bzw. explosionsfähiger Gase, Stäube oder Dämpfe zu rechnen ist.

Semiquantitative Methoden gehören zu den sogenannten Leitmerkmalmethoden. Neben dem bereits genannten Gefahrzahlsystem gehört hierzu auch das seit langem etablierte „Einfache Maßnahmenkonzept Gefahrstoffe" (EMKG) der Bundesanstalt für Arbeitsschutz und Arbeitsmedizin[2]. In beiden Ansätzen geht es darum, mit wenigen „Leitmerkmalen" relativ schnell und ohne aufwendige Erhebungen ausreichend verlässliche Einschätzungen der Gefährdung zu erhalten. Aufgrund der vergleichsweise einfachen Anwendung sind sie besonders geeignet, schnell wechselnde Einsatzbedingungen zu beurteilen, bei denen z.B. Messungen in der Regel viel zu langwierig sind. Die Anwendung kann auch den Beschäftigten vermittelt werden, so dass sie gegebenenfalls in der Lage sind, ihre aktuelle Situation im Groben selbst abzuschätzen, was z.B. im Handwerk wichtig sein kann.

[1] G. Schneider, M. Born, C. Carl, 2016: Gefahrzahlsystem für Gefahrstoffanwendungen: Update. Sicherheitsingenieur 6/2016, S. 24–28

[2] https://www.baua.de/DE/Themen/Arbeitsgestaltung-im-Betrieb/Gefahrstoffe/EMKG/Einfaches-Massnahmenkonzept-EMKG_node.html

Matrix zur Abschätzung der inhalativen Exposition; nach Schneider, Born, Carl, 2016)*, verändert*

Stoffeigenschaften	**Verfahren**		
	• Geschlossene Anlage • Anlage mit Absaugung • Offene Verarbeitung + kleine Stoffmengen (mg/g) + kleine Quellflächen (wenige cm^2) + kurze Verarbeitung (wenige Minuten) • Hoher Luftwechsel (> 5 h^{-1}) • Aerosole nur aus Sprühdosen, Punktanwendung, kurzfristig	• Geschlossene Verarbeitung mit Expositionsmöglichkeit bei Probennahmen, Beschicken der Anlagen usw. • Mittlerer Luftwechsel (1 bis < 5 h^{-1})	• Offene Anwendung, größere Stoffmengen oder Quellflächen, Tätigkeitsdauer > 15 Minuten • Versprühen, Vernebeln • Geringer Luftaustausch (< 1 h^{-1})
Dampfdruck von Flüssigkeiten < 10 hPa, Siedepunkt > 100 °C; Feststoffe grob, Pellets, Granulate, Wachse	Niedrig	Niedrig	Mittel
Dampfdruck 10–50 hPa, Siedepunkt 65–100 °C, gröbere Stäube, die sich schnell absetzen	Niedrig	Mittel	Hoch
Gase, Dampfdruck von Flüssigkeiten > 50 hPa, Siedepunkt < 65 °C, Aerosole, feine Stäube, die mind. mehrere Minuten in der Luft verbleiben	Mittel	Hoch	Hoch

*) G. Schneider, M. Born, C. Carl, 2016: Gefahrzahlsystem für Gefahrstoffanwendungen: Update. Sicherheitsingenieur 6/2016, S. 24–28

In ähnlicher Weise kann die dermale Exposition über die relative Stoffmenge, mit der die Haut beaufschlagt wird, sowie die Zeitdauer der Exposition abgeschätzt werden. Eine entsprechende Auswertetabelle findet sich als Anlage 4 in der TRGS 401 „Gefährdung durch Hautkontakt – Ermittlung, Beurteilung, Maßnahmen“ (die TRGS ist allerdings noch nicht auf das GHS-System umgestellt). Auf der Homepage des Instituts für Arbeitsschutz (IFA) der Deutschen Gesetzlichen Unfallversicherung gibt es eine aktualisierte Arbeitshilfe zur Gefährdungsbeurteilung der dermalen Exposition für Stoffe nach der CLP-Verordnung.[1)]

9.2 Messungen

Messungen sind ein häufiges Mittel, die Exposition zu bestimmen – und sie sind leider häufig auch ein falsch angewendetes Mittel. Messungen setzen neben einer entsprechenden technischen Ausstattung erhebliche fachliche Kenntnisse voraus.

Messungen weisen eine Reihe von Vorteilen auf:

- Die Ergebnisse sind objektivierbare und quantitative Aussagen.
- Es handelt sich um eine generell akzeptierte Methode.
- Es wird der Ist-Zustand am Arbeitsplatz erfasst.

Es gibt aber auch Nachteile:

- Messungen sind immer retrospektiv, d. h. sie stellen im schlechtesten Falle einen bereits eingetretenen Mangel fest.
- Messungen beziehen sich auf einen definierten Zeitpunkt. Die Übertragung auf ein längeres Zeitfenster, also die Annahme, dass „es immer so ist“, kann falsch sein und muss entweder durch ein aufwendiges Messkonzept zu verschiedenen Zeiten und Tagen, Betriebszuständen etc. oder über andere sachlogische Schlussweisen geklärt werden.

Grundsätzlich sind zwei generelle Erfassungstypen möglich:

- die Konzentration des Gefahrstoffes in der Luft als ein Parameter der Umgebungsbedingungen, denen Beschäftigte kürzer oder länger ausgesetzt sind und
- personenbezogene Expositionsmessungen zur Feststellung individueller Belastungen.

---

1) https://www.dguv.de/ifa/fachinfos/hautgefaehrdung/gefaehrdungsbeurteilung-der-dermalen-exposition/index.jsp

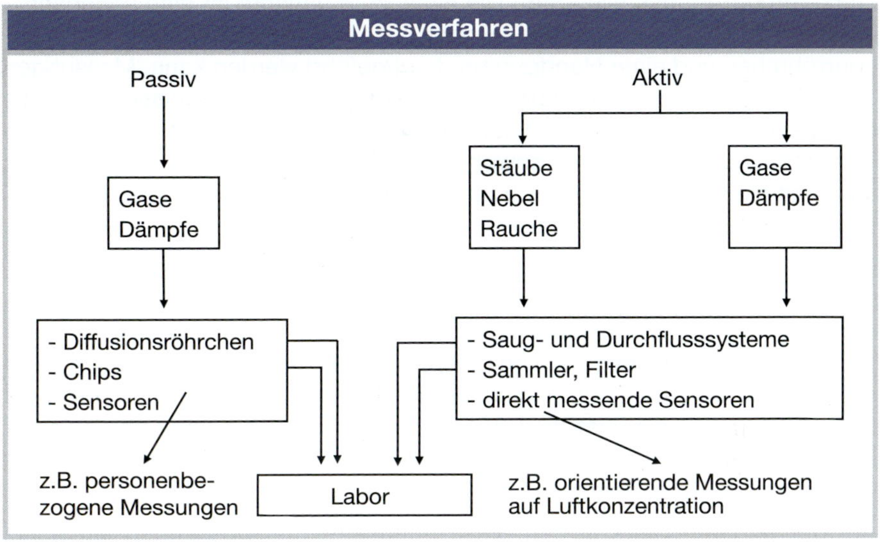

Abb. 19: *Darstellung der wesentlichen Messsysteme im Gefahrstoffbereich*

Je nach der Fragestellung unterscheiden sich die dann jeweils eingesetzten Messmethoden (→ *Abbildung 19*). Für die Ermittlung der Konzentrationen am Arbeitsplatz werden in der Regel Durchfluss-Systeme genutzt, die definierte Luftvolumina erfassen und die Inhaltsstoffe entweder auf Filter (bei Stäuben) oder adsorbierenden Materialien wie Aktivkohle (bei Gasen, Dämpfen) binden. Anschließend werden die Messungen in einem Labor entsprechend analysiert. Bei Gasspürröhrchen werden die Stoffe über mit Reagenzien getränkte Trägermaterialien geleitet, die sich dann entsprechend der Konzentration der vorhandenen Gefahrstoffe unterschiedlich stark verfärben.

Personenbezogene Messungen werden dagegen mit Chips oder Adsorptionsröhrchen durchgeführt. Die über Diffusion eindringenden Gefahrstoffe werden gesammelt und dann ebenfalls im Labor ausgewertet. Das Ergebnis ist eine Aussage über die Exposition einer Person, unabhängig davon, wo diese am Tag ihre Arbeit ausgeführt hat. Es sagt aber nichts darüber aus, welche Konzentrationen an einem Arbeitsplatz herrschen, und ist auch nicht geeignet, Fragen nach der Einhaltung von Grenzwerten zu beantworten.

Der häufigste Fall ist die Luftmessung am Arbeitsplatz bzw. im Arbeitsraum. Welche Methode verwendet wird und wer die Messungen ausführt, hängt stark von der Fragestellung ab. Die einfachste Variante ist eine sogenannte orientierende Messung auf Gase oder Dämpfe, die z.B. mithilfe von Gasspürröhrchen und einer Handpumpe durchgeführt werden kann. Messungen dieser Art generieren aber nur dann aussagekräftige Ergebnisse, wenn die ermittelten Konzentrationen relativ weit vom Grenzwert entfernt liegen. Die Fehlerspanne ist hoch, was sowohl auf die Konstruktion der Röhrchen als auch auf die Handhabung durch häufig in der Messtechnik unerfahrene Beschäftigte zurückzuführen ist.

Dessen ungeachtet müssen bereits diese einfachen Messungen Qualitätskriterien nach der TRGS 402 erfüllen. Dazu zählen eine relativ hohe Probennahmedichte von mindestens 12 Proben pro Schicht (TRGS 402 Anlage 3 Tabelle 2), Berücksichtigung von Querempfindlichkeiten, die Ermittlung von arbeitszeitgewichteten arithmetischen Mittelwerten und andere Kriterien, die typischerweise zumindest in kleineren Betrieben nicht sicherzustellen sind. Ganz davon abgesehen sind diese Messungen nicht in der Lage, Kurzzeitüberschreitungen zu erfassen.

Auf der anderen Seite stellen diese orientierenden Messungen ein gutes Mittel dar, die Expositionssituation gegenüber Gasen und Dämpfen in ihrem Größenbereich zu erfassen und als Entscheidungsgrundlage für tiefergehende und professionell durchgeführte Messungen heranzuziehen.

Die selbstständige Erfassung von Stäuben ist mit einer vergleichbar einfachen Methode dagegen nicht möglich. Auch die Verwendung von günstigen Partikelzählern hilft hier nicht weiter, da Grenzwerte auf Massenbasis und nicht auf Anzahlbasis festgelegt werden.

Bei Messungen kann gegebenenfalls die Unterstützung durch den zuständigen Unfallversicherungsträger erfragt werden oder ein externes Labor hinzugezogen werden. Es wird empfohlen, ein akkreditiertes Messlabor zu nutzen. Eine Liste mit den jeweiligen Ansprechpartnern finden Sie auf den Internetseiten der Deutschen Gesetzlichen Unfallversicherung (→ *Anhang 4*).

9.3 Rechnerische Abschätzungen

Als dritte Variante der Expositionsabschätzung kommen rechnerische Verfahren in Betracht, die auf sehr unterschiedlichen Komplexitätsebenen erfolgen können. Grundsätzliche Vorteile von Berechnungen sind:

- Grobe Übersichtsergebnisse sind sehr schnell zu erlangen.
- Sie können prospektiv eingesetzt werden, also z.B. schon vor der Einrichtung von Arbeitsplätzen.

- Es können die Einwirkungen verschiedener Parameter modelliert werden.
- Sie können auch für die Planung von Messungen herangezogen werden.

Die Nachteile sind aber auch nicht zu übersehen:

- Die Güte der Ergebnisse hängt stark von der korrekten Erfassung der Einflussparameter ab (z.B. des Gefahrstoffverbrauchs, der Belüftung etc.).
- Je genauer die Berechnungen sein sollen, umso aufwendiger werden die mathematischen Grundlagen.
- Komplexe Raumstrukturen sind meist nicht zu erfassen, da die beeinflussenden Parameter schwer oder nur relativ ungenau definiert werden können.
- Sie eignen sich in erster Linie für Gase und Dämpfe. Stäube sind nur mit hohem Aufwand zu modellieren.

Dennoch stellen schon einfache Berechnungen in vielen Fällen eine wertvolle Hilfe dar. In dem Beispiel unten werden zwei solche Gleichungen vorgestellt.

Grundsätzlich basieren alle Berechnungen auf Modellvorstellungen. *Abbildung 20* zeigt ein sehr einfaches, in vielen Fällen aber völlig ausreichendes Modell: In

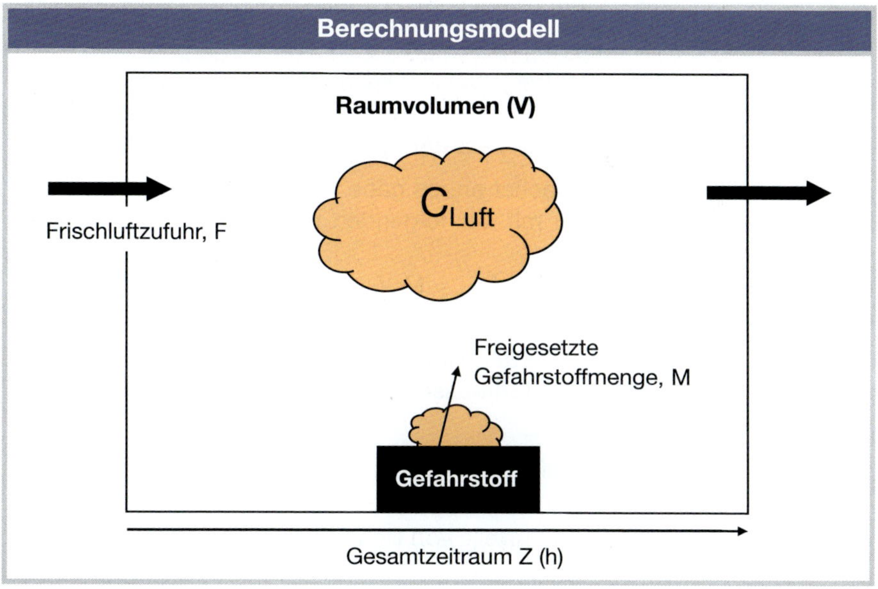

Abb. 20: *Einfaches Expositionsmodell für die rechnerische Abschätzung von Arbeitsplatzkonzentrationen*

einem Raum mit dem Volumen V befindet sich eine Gefahrstoffquelle, die über einen bestimmten Zeitraum (T) aktiv ist. In diesen Raum tritt nun Frischluft mit einem Volumenstrom F ein, die einen Teil der Gefahrstoffe „ablüftet“.

Dieses Modell wollen wir nun beispielhaft anwenden.

Beispiel

An einem Arbeitsplatz werden Spachtelarbeiten an Metallteilen vorgenommen. Die Spachtelmasse enthält als einzigen Gefahrstoff Styrol mit einem Massegehalt von 5 %. Bei den Arbeiten verdunstet dieses Styrol und führt zu einer inhalativen Exposition des Beschäftigten. Aber wie hoch ist die mittlere Exposition bei einem 8-stündigen Arbeitstag und einem Verbrauch an Spachtelmasse von 2 kg?

Im ersten Schritt muss das Raumvolumen des Modells festgelegt werden. Rein theoretisch könnte die gesamte physikalische Werkhalle angesetzt werden. Dies ist aber nicht sinnvoll, da die höchsten Gefahrstoffkonzentrationen an der Quelle vorliegen, also in einem eher kleinen Raumbezirk auftreten. Sinnvoll wäre es hier, einen „virtuellen“ Raum von z.B. 2 m x 2 m x 2 m um die Gefahrstoffquelle anzunehmen, so dass das Raumvolumen 8 m^3 beträgt.

Wie viel Gefahrstoff wird frei? Wenn 2 kg Spachtelmasse pro Tag verbraucht werden und diese 5 % Styrol enthalten, dann sind dies 100 g = 100 000 mg (unter der (Worst-Case-)Annahme, dass alles verdunstet).

Nehmen wir weiterhin zunächst an, es gäbe keine Belüftung, dann kann die mittlere Konzentration mit der folgenden sehr einfachen Gleichung ausgerechnet werden:

$$C_{Luft} = M/V$$

mit:

C_{Luft} = mittlere Stoffkonzentration (mg/m^3)
M = verdunstete Gefahrstoffmasse (mg)
V = Raumvolumen (m^3)

Für den hier gegebenen Fall errechnet sich also die mittlere Konzentration in dem 8-Stunden-Zeitraum zu:

$$C_{Luft} = 100\,000 \text{ mg}/8 \text{ m}^3 = 12\,500 \text{ mg/m}^3$$

Das Ergebnis ist exorbitant hoch und liegt weit oberhalb des Grenzwertes für Styrol von 86 mg/m^3.

Nun war dies eine unrealistische Abschätzung, da wir keine Belüftung unterstellt haben. Es ist eine sogenannte Worst-Case-Abschätzung, also eine Berechnung, die unter den schlechtesten anzunehmenden Bedingungen ausgeführt wurde. Solche Worst-Case-Studien können aber in vielen Fällen bereits zum Erfolg führen, so dass feinere Untersuchungen nicht nötig sind.

Wir wollen jetzt die Belüftung mit einbeziehen. Aus den technischen Lüftungsdaten ist bekannt, dass in der Halle ein einfacher Luftwechsel besteht, d.h., es wird genau das Raumvolumen einmal pro Stunde ausgetauscht. Das können wir auch für unseren „virtuellen" Raum annehmen. Damit treten 8 m^3 unbelastete Luft pro Stunde in unseren 8 m^3 umfassenden Raum ein.

Bei Berücksichtigung der Lüftung sieht die anzuwendende Gleichung so aus:

$$C_{Luft} = M/(F \times T)$$

mit:

C_{Luft} = mittlere Stoffkonzentration (mg/m^3)
M = verdunstete Gefahrstoffmasse (mg)
F = zugeführte Luftmenge (m^3/h)
T = Gesamtzeitraum, in dem die Quelle aktiv ist

Geben wir in diese Formel die Werte ein, so ergibt sich

$$C_{Luft} = 100\,000\ mg/(8\ m^3 \times 8\ h) = 1562{,}5\ mg/m^3$$

Das sieht schon deutlich besser aus, ist aber immer noch das 18-Fache des Grenzwertes.

Nun können wir fragen: Wie hoch muss denn die Belüftung sein, damit wenigstens der Grenzwert gerade eingehalten wird? Dies entspricht natürlich nicht dem Minimierungsgebot! Für die Berechnung gilt ein einfacher Dreisatz: Wenn das Ergebnis um den Faktor 18 über der Zielmarke liegt, muss die Belüftung ebenfalls um den Faktor 18 steigen, um gerade die Grenzwertunterschreitung zu sichern.

Das bedeutet: Die Arbeiten müssten mindestens unter einem 18-fachen Luftwechsel stattfinden. Dieses sind Werte, die im Bereich der Hoch- und Reinraumtechnologie angesiedelt sind, aber nicht in einer Werkhalle. Die Umsetzung eines 18-fachen Luftwechsels in einer Werkhalle ist aus Kostengründen kaum umsetzbar.

Die einzige logische Konsequenz aus unseren Berechnungen ist, dass ein gefahrloses Arbeiten bei gleichzeitiger Einhaltung des Minimierungsgebotes nicht mit allgemeinen lufttechnischen Maßnahmen bewerkstelligt werden kann – eine Punktabsaugung muss her!

Dieses Beispiel macht deutlich, dass bereits mit einfachen Berechnungen klare Aussagen getroffen werden können. Mit etwas Übung und dem notwendigen Interesse lassen sich deshalb mit Berechnungen gute Ergebnisse erzielen. Einen Einstieg in diesen Komplex findet man im BIA-Report 3/2001[1].

9.4 Übertragung von Ergebnissen

Neben diesen aktiven Ermittlungen ist nach der TRGS 402 auch die Übertragung von Ergebnissen auf andere Arbeitsplätze möglich. Der Gedanke ist einfach: Wenn unter bestimmten Arbeitsbedingungen bereits eine Expositionshöhe festgestellt wurde, so darf erwartet werden, dass an dem zur Diskussion stehenden Arbeitsplatz die gleiche Exposition herrscht, wenn die Arbeitsbedingungen gleich sind.

Allerdings ist hier eine genaue Prüfung vorzunehmen, dass die wichtigen expositionssteigernden oder -vermindernden Bedingungen wirklich annähernd identisch sind. Diese umfassen z.B.:

- Art und Menge der eingesetzten Stoffe,
- Verarbeitungsart der Stoffe und der eingesetzten Arbeitsmittel,
- räumliche Bedingungen,
- Lüftungsbedingungen,
- ggf. vorhandene technische Schutzeinrichtungen.

Die heranzuziehenden Ergebnisse müssen dabei nicht vom eigenen Betrieb sein, sondern dürfen auch aus anderen Betrieben, von Expositionsdatenbanken oder Expositionsbeschreibungen in der Fachliteratur stammen.

Ein Spezialfall dieses Vorgehens ist die Orientierung an bereits erprobten und dokumentierten Verfahren, wie sie sich z.B. in Branchenregelungen, im Regelwerk der Unfallversicherungsträger, Technischen Regeln und VSK finden. VSK sind die sogenannten „verfahrens- und stoffspezifischen Kriteri-

[1] www.dguv.de/medien/ifa/de/pub/rep/pdf/rep01/biar0301/rep3_01.pdf

en für die Ermittlung und Beurteilung der inhalativen Exposition", die sich in der gleichnamigen TRGS 420 finden. Hier sind Verfahren aufgelistet, bei deren Anwendung die Exposition gering ist und bei der die Verantwortlichen prüfen müssen, ob die eigene Tätigkeitsausführung unter Berücksichtigung organisatorisch-technischer Aspekte mit dem jeweiligen VSK übereinstimmt. Ist dies der Fall, erübrigt sich die Expositionsermittlung. Ist dies nicht der Fall, muss der Arbeitgeber selbst die Exposition in seinem Betrieb ermitteln oder aber sein Verfahren bis zur Deckung mit dem VSK verändern. In ähnlicher Weise kann bei bestimmten Technischen Regeln für Gefahrstoffe, z.B. der TRGS 526 über Laboratorien, vorgegangen werden.

9.5 Verzicht auf die Expositionsermittlung

In einigen Fällen darf auch bewusst auf eine Expositionsermittlung verzichtet werden. Dies ist immer dann möglich, wenn eine sogenannte geringe Gefährdung vorliegt, z.B. wenn

- ein niedriges Freisetzungsvermögen aufgrund der Arbeitsbedingungen und der Stoffeigenschaften (u.a. niedriger Dampfdruck, hoher Siedepunkt oder geringes Staubungsverhalten) vorliegt,
- durch das Verfahren keine Aerosolbildung erfolgen kann,
- nur geringe Mengen verwendet werden,
- nur geringe Emissionen, z.B. aufgrund kleiner Quellflächen oder kurzer Tätigkeitsdauer (< 15 Minuten), möglich sind oder
- eine Freisetzung von Stoffen in die Luft am Arbeitsplatz nicht möglich ist.

Die Feststellung, ob diese Bedingungen zutreffen oder nicht, erfolgt selbstverständlich im Rahmen der Gefährdungsbeurteilung. Eine eingehende Lektüre der TRGS 400 „Gefährdungsbeurteilung für Tätigkeiten mit Gefahrstoffen" und der TRGS 402 „Ermitteln und Beurteilen der Gefährdungen bei Tätigkeiten mit Gefahrstoffen: Inhalative Exposition" ist daher unerlässlich.

Leider gibt es keine entsprechenden Messmethoden für die dermale Belastung, so dass es in der Regel bei den oben beschriebenen semiquantitativen Abschätzungen bleiben muss. Auch die orale Exposition lässt sich nicht messtechnisch erfassen und selbst semiquantitative Abschätzungen existieren nicht. Viel mehr als alle anderen Expositionsformen ist die orale Exposition an das persönliche Hygieneverhalten der Beschäftigten gebunden. Dementsprechend muss hier immer darauf geachtet werden, dass Ess-

und Trinkverbote eingehalten werden, Lebensmittel nicht am Arbeitsplatz gelagert werden, die Hände regelmäßig vor Pausen und nach Arbeitsende gründlich gereinigt werden und dass Gefahrstoffe nicht etwa in Behältnissen aufbewahrt werden, die mit Lebensmitteln verwechselt werden können (z.B. Salzsäure in Mineralwasserflaschen).

Kapitel 10
Grundlegende Bestimmungen der Gefahrstoffverordnung

Die Gefahrstoffverordnung hat das Ziel, den Menschen vor gesundheitlichen Gefährdungen und die Umwelt vor Schäden durch Gefahrstoffe zu schützen.

Im betrieblichen Arbeitsschutz bezieht sich dies auf die am Arbeitsplatz ausgeübten Tätigkeiten mit Gefahrstoffen. Folgende Tätigkeiten fallen unter den Anwendungsbereich der Gefahrstoffverordnung:

Tätigkeiten mit Gefahrstoffen

1. Herstellung, Mischung, Gebrauch, Verbrauch
2. Lagerung (!), Aufbewahrung
3. Abfüllen, Umfüllen
4. Entfernen, Entsorgen, Vernichten
5. innerbetrieblicher Transport
6. Bedien- und Überwachungsarbeiten von oder mit Gefahrstoffen
7. Tätigkeiten, bei den Gefahrstoffe erst entstehen: Schweißarbeiten, Schleifen von Kunststoffen, Sägen, Schleifen, Fräsen von Harthölzern, Herstellung von Zytostatika etc.

Im Anhang I der Gefahrstoffverordnung werden in Nr. 2 „Partikelförmige Gefahrstoffe“ Tätigkeiten mit staubenden Materialien und in Nr. 4 „Biozid-Produkte und Begasung mit Biozid-Produkten oder Pflanzenschutzmitteln“ und deren besondere Anforderungen behandelt. Im Anhang III sind spezielle Anforderungen für Tätigkeiten mit organischen Peroxiden erläutert

Die wichtigsten Bestimmungen der Gefahrstoffverordnung finden sich in der folgenden Übersicht:

Schlüsselbegriffe zur Gefahrstoffverordnung

• Informationsermittlung
• Gefährdungsbeurteilung
• Gefahrstoffverzeichnis
• Substitutionsprüfung
• Minimierungsgebot
• Schutzmaßnahmen
  – technische Schutzmaßnahmen
  – organisatorische Schutzmaßnahmen
  – persönliche Schutzmaßnahmen
• arbeitsmedizinische Vorsorge
• Information der Beschäftigten: Betriebsanweisung und Unterweisung

Diese Begriffe geben wieder, welche Anforderungen der Arbeitgeber nach Gefahrstoffverordnung erfüllen muss. Im Folgenden werden diese Anforderungen näher erklärt.

10.1 Informationsermittlung und Gefährdungsbeurteilung

Der Arbeitgeber hat bei der Informationsermittlung zu beurteilen, ob die Beschäftigten eine Tätigkeit mit Gefahrstoffen ausüben oder ob bei der Tätigkeit Gefahrstoffe entstehen (können). Ist dies der Fall, so muss der Arbeitgeber eine arbeitsplatz- und tätigkeitsbezogene Gefährdungsbeurteilung erstellen und die daraus resultierenden Schutzmaßnahmen festlegen.

Weitergehende Ausführungen sind im *Kapitel 1 „Vorgehensweise bei der Gefährdungsbeurteilung“* zu finden.

10.2 Gefahrstoffverzeichnis

Nach § 6 Gefahrstoffverordnung hat der Arbeitgeber ein Gefahrstoffverzeichnis zu erstellen. Dieses Verzeichnis enthält die Informationen des Lieferanten aus den Sicherheitsdatenblättern, die recherchierten Informationen aus dem Internet sowie die betrieblichen Angaben zum Arbeitsbereich und den verwendeten Gefahrstoffmengen.

Das Verzeichnis ist Teil der Gefährdungsbeurteilung und enthält für jeden eingesetzten Gefahrstoff zumindest folgende Angaben:

Mindestangaben im Gefahrstoffverzeichnis

- Bezeichnung des Gefahrstoffes (Produktname)
- Einstufung des Gefahrstoffes
- am Arbeitsplatz verwendete Mengen (wünschenswert sind genaue Angaben bei Gefahrstoffen mit hohem Gefährdungspotenzial)
- Arbeitsbereich, in dem der Gefahrstoff eingesetzt wird
- Verweis auf das Sicherheitsdatenblatt und dessen Aktualität

In *Abbildung 21* auf der Folgeseite ist beispielhaft ein Gefahrstoffverzeichnis wiedergegeben.

Merke:

Es ist nicht festgelegt, wie die Einstufung genau anzugeben ist. Wir empfehlen, zusätzlich zu den H-Sätzen die Gefahrenklasse- und Gefahrenkategorie-Codes aufzuführen. Die GHS-Piktogramme allein reichen nicht aus.

Im Gefahrstoffverzeichnis kann auch die Substitutionsprüfung dokumentiert werden (siehe hierzu die TRGS 600 „Substitution“ und in *Abbildung 21* aufgeführtes Beispiel).

Das Gefahrstoffverzeichnis ist immer auf einen Arbeitsbereich bezogen und muss regelmäßig aktualisiert werden. Dazu ist es erforderlich, dass das Datum der Erstellung bzw. Überprüfung dokumentiert ist.

Die in der *Abbildung 21* grau unterlegten Felder des Verzeichnisses sind Angaben, die zusätzlich zu den Mindestangaben (weiß) aufgeführt werden können, hier u.a. die Substitutionsprüfung. Weitere häufig vorkommende Angaben sind z.B. die Wassergefährdungsklasse oder die Lagerklasse nach TRGS 510.

Im Gefahrstoffverzeichnis sind alle im Betrieb vorkommenden oder entstehenden Gefahrstoffe aufzuführen. Ergibt die Gefährdungsbeurteilung, dass bestimmte Tätigkeiten mit Gefahrstoffen nur zu einer geringen Gefährdung führen, müssen diese Gefahrstoffe nicht in das Gefahrstoffverzeichnis aufgenommen werden. Darunter fallen z.B. Spültabs in der Teeküche oder die Verwendung kleiner Mengen von lösemittelhaltigen Klebstoffen im Bürobereich. Weitere Angaben hierzu finden sich in der TRGS 400.

Betrieb: **Analysenlabor Bestimmungsgrenze** Erstellt von: **Mister X** Erstellt am: 24.06.2020
zuletzt aktualisiert: 29.09.2021

Betriebliche Angaben				Einstufung des Gefahrstoffes (CLP)		Mögliche Gefährdungen durch die stoffliche Eigenschaften (Die Gefährdungen sind von der Tätigkeit abhängig → GB)				Substitutionsprüfung				WGK (Wassergefährdungsklasse)	LGK (Lagerklassse)
	SDB (Jahr der Aktualisierung	Arbeitsbereich	verwendete Menge in Liter oder Kilogramm	Gefahrenklasse und -kategorie (Kurz-Code)	H-Sätze	Brand/ Expl.	inhalativ	dermal	cmrF (Kat. 1A/1B)	Datum der Prüfung	Prüfung erfolgt? (ja/nein)	Wird Stoff ersetzt? (ja/nein) Wenn ja, wodurch?	Begründung, warum nicht ersetzt Bemerkung		
Natronlauge 25 %	Mai 2021	Labor	3,5 L/Jahr	Met. Corr. 1 Skin Corr. 1A Eye Dam. 1	290, 314, 318		X	X		01.07.2021	Ja	Nein	Laborchemikalie für Analysen	1	8B
Methanol ≥ 99 %	Juni 2021	Labor	6,5 L/Jahr	Flam. Liq. 2 Acute Tox. 3 (oral) Acute Tox. 3 (dermal) Acute Tox. 3 (inhalaitiv) STOT SE 1	225, 301, 311, 331, 370	X	X	X		01.07.2021	Ja	Nein	Standard-Laborchemikalie für Analysen	2	3
Toluol	April 2020	Labor	2 L/Jahr	Flam. Liq. 2 Skin Irrit. 2 Repr. 2 STOT SE 3 STOT RE 2 Asp. Tox. 1	225, 304, 315, 336, 361d, 373	X	X	X	X	01.07.2021	Ja	Nein	Laborchemikalie für Analysen	2	3

Abb. 21: *Beispiel für ein Gefahrstoffverzeichnis*

10.3 Geringe Gefährdung

Die geringe Gefährdung ist in § 6 Gefahrstoffverordnung an folgende vier Bedingungen geknüpft:

1. die gefährlichen Eigenschaften des Gefahrstoffes,
2. eine gering verwendete Stoffmenge,
3. eine nach Höhe und Dauer niedrige Exposition und
4. die Arbeitsbedingungen.

Auch bei der geringen Gefährdung ist zu dokumentieren, für welche Tätigkeiten mit welchen Gefahrstoffen der Arbeitgeber zum Ergebnis „geringe Gefährdung" gekommen ist. Der Unternehmer kann dann auf die Aufnahme in das Gefahrstoffverzeichnis, auf eine detaillierte Gefährdungsbeurteilung, auf die Erstellung einer Betriebsanweisung und auf eine Unterweisung für diese Gefahrstoffe verzichten.

10.4 Substitutionsprüfung

Bei der Substitution ist der Arbeitgeber aufgefordert, die Möglichkeit zu prüfen, ob die eingesetzten Gefahrstoffe und Verfahren durch solche ersetzt werden können, die eine geringere Gefährdung verursachen.

Die Substitution ist eine der wichtigsten Schutzmaßnahmen der Gefährdungsbeurteilung. Dieses Thema wird in einem eigenen Kapitel behandelt (→ *Kapitel 11 „Substitution"*).

10.5 Minimierungsgebot

Das Minimierungsgebot besagt, dass durch den Einsatz emissionsfreier oder emissionsarmer Verfahren sowie die Verwendung geeigneter Arbeitsmittel nach dem Stand der Technik die Gefährdung durch Gefahrstoffe auf ein Minimum reduziert wird.

Konkret bedeutet dies, dass bei der Tätigkeit mit Gefahrstoffen nur Arbeitsverfahren eingesetzt werden, die eine möglichst geringe Emission verursachen und damit die Exposition der Beschäftigten bei der Tätigkeit so gering wie möglich gehalten wird.

Entspricht ein Arbeitsverfahren dem Stand der Technik, ist das Minimierungsgebot eingehalten. Kontrovers diskutiert wird in Fachkreisen, ob auch bei sicherer Einhaltung des Arbeitsplatzgrenzwertes weiterhin minimiert werden muss. Diese Frage ist nicht abschließend geklärt.

10.6 Schutzmaßnahmen

Schutzmaßnahmen müssen in Abhängigkeit von der Höhe der Gefährdung durch den Arbeitgeber ergriffen werden. Ohne Festlegung der notwendigen Schutzmaßnahmen ist eine Gefährdungsbeurteilung unvollständig.

Dieser wichtigen Fragestellung ist ein eigenes Kapitel gewidmet (→ *Kapitel 12 „Schutzmaßnahmen“*).

10.7 Arbeitsmedizinische Vorsorge

Die arbeitsmedizinische Vorsorge dient dazu, gesundheitliche Auswirkungen bei Tätigkeiten mit Gefahrstoffen zu erkennen und präventiv zu verhindern. Diese Erkenntnisse fließen in die Gefährdungsbeurteilung und deren Maßnahmen ein. Die arbeitsmedizinische Vorsorge wird im *Kapitel 13 „Arbeitsmedizinische Vorsorge“* beschrieben.

10.8 Betriebsanweisung und Unterweisung

Die Erstellung von Betriebsanweisungen und die mündliche Unterweisung auf der Grundlage der Betriebsanweisung dient der Information der Beschäftigten, die Tätigkeiten mit Gefahrstoffen ausüben. Dieser Aspekt wird im *Kapitel 12 „Schutzmaßnahmen“* behandelt.

Kapitel 11
Substitution

11.1 Einleitung

Die Substitution ist eine der Grundpflichten, wenn Tätigkeiten mit Gefahrstoffen ausgeübt werden, d.h., es ist zu ermitteln, ob ein Gefahrstoff durch einen weniger gefährlichen Stoff ersetzt oder ganz auf einen Gefahrstoff verzichtet werden kann.

Substitution bezeichnet also den Ersatz eines Gefahrstoffes oder Verfahrens durch einen Arbeitsstoff oder ein Verfahren mit einer insgesamt geringeren Gefährdung für den Beschäftigten.

Die Substitutionspflicht gilt für alle Gefahrstoffe, unabhängig von der Gefährdung. Sie ist aber auch Teil der Gefährdungsbeurteilung, die nach § 6 Gefahrstoffverordnung für jede Tätigkeit mit Gefahrstoffen durchzuführen ist:

§ 6
Informationsermittlung und Gefährdungsbeurteilung

(1) Im Rahmen einer Gefährdungsbeurteilung als Bestandteil der Arbeitsbedingungen nach § 5 des Arbeitsschutzgesetzes hat der Arbeitgeber festzustellen, ob die Beschäftigten Tätigkeiten mit Gefahrstoffen ausüben oder ob bei Tätigkeiten Gefahrstoffe entstehen oder freigesetzt werden können. Ist dies der Fall, so hat er alle hiervon ausgehenden Gefährdungen der Gesundheit und Sicherheit der Beschäftigten unter folgenden Gesichtspunkten zu beurteilen:

(...)

4. Möglichkeit einer Substitution,

(...).

Neben vielen anderen Parametern muss bei der Gefährdungsbeurteilung die Möglichkeit einer Substitution vorrangig behandelt werden. Das heißt, es ist zu prüfen, ob es einen weniger gefährlichen Stoff oder ein anderes Verfahren gibt. Fällt diese Prüfung positiv aus, ist die Substitution die vorrangige Schutzmaßnahme. So steht es in § 7 Absatz 3 Gefahrstoffverordnung:

> **§ 7**
> **Grundpflichten**
>
> (3) Der Arbeitgeber hat auf der Grundlage des Ergebnisses der Substitutionsprüfung nach § 6 Absatz 1 Satz 2 Nummer 4 vorrangig eine Substitution durchzuführen. Er hat Gefahrstoffe oder Verfahren durch Stoffe, Gemische oder Erzeugnisse oder Verfahren zu ersetzen, die unter den jeweiligen Verwendungsbedingungen für die Gesundheit und Sicherheit der Beschäftigten nicht oder weniger gefährlich sind.

Die Substitution hat das Ziel, die Gefährdungen bei Tätigkeiten mit Gefahrstoffen auf ein Minimum zu verringern oder – wenn möglich – zu beseitigen.

Daher steht die Substitution noch vor den technischen, organisatorischen und persönlichen Schutzmaßnahmen.

Das TOP-Prinzip (**T**echnische Schutzmaßnahmen vor **O**rganisatorischen vor **P**ersönlichen Schutzmaßnahmen) wird zum STOP-Prinzip (**S**ubstitution vor **T**echnischen vor **O**rganisatorischen vor **P**ersönlichen Schutzmaßnahmen) erweitert.

Die Substitutionsprüfung setzt eine Gefährdungsbeurteilung voraus, denn es müssen ermittelt werden:

- die Gefährdungen durch den gerade verwendeten Gefahrstoff sowie
- die Gefährdungen durch den Ersatzstoff oder das Ersatzverfahren.

Die beiden Gefährdungen werden anschließend miteinander verglichen und gegenseitig abgewogen.

Die Vorgehensweise bei der Substitution ist detailliert in der Technischen Regel für Gefahrstoffe (TRGS) 600 beschrieben. Diese TRGS ist – wie alle TRGS – immer anzuwenden (→ *Kapitel 2 „Rechtsvorschriften“*). Sie wurde als letzte der relevanten Grund-TRGS im Jahr 2020 vollständig überarbeitet und an die Rechtsstände der REACH-VO, CLP-VO, GefStoffV sowie der TRGS 400 angepasst. Inhaltlich ist einer der wesentlichen Punkte, dass das Wirkfaktorenmodell ersatzlos gestrichen wurde; dieses wurde in der Praxis auch kaum angewandt.

11.2 Ermittlung der wichtigsten Parameter

Um die Substitutionsprüfung durchführen zu können, sollten zunächst die gefährlichen Eigenschaften aller Gefahrstoffe ermittelt und in einem Gefahrstoffverzeichnis zusammengeführt werden. Damit erhält man einen ersten Überblick über die potenziellen Gefahren, die von den im Betrieb eingesetzten Gefahrstoffen ausgehen. Dabei sind getrennt zu ermitteln:

- die akuten Gesundheitsgefahren,
- die chronischen Gesundheitsgefahren,
- die physikalisch-chemischen Gefahren (Brand- und Explosionsgefahren) und
- die Umweltgefahren.

Neben diesen gefährlichen Eigenschaften, die zu den Gefahrstoffen „gehören" (intrinsische Eigenschaften), haben noch andere Parameter Einfluss auf die Gefährdung:

- das Freisetzungsverhalten der Gefahrstoffe (→ *Kapitel 5 „Sicherheitstechnische Kennzahlen"*) und
- das Arbeitsverfahren.

Erst wenn alle diese Parameter ermittelt sind, macht es Sinn, mit der eigentlichen Substitutionsprüfung zu beginnen.

Bei einer größeren Anzahl von Gefahrstoffen ist eine Prioritätenliste sinnvoll. Es sollte mit den Stoffen begonnen werden,

- die besonders gefährliche Eigenschaften haben, wie akut toxisch Kategorie 1 oder 2 oder krebserzeugend Kategorie 1A oder 1B,
- die in großen Mengen eingesetzt werden,
- mit denen viele Beschäftigte arbeiten.

11.3 Informationsquellen und Musterlösungen

Oft ist es nicht erforderlich, alle Daten selbst zu ermitteln, denn das haben – bei gängigen Verfahren – andere schon getan. Es gibt eine Vielzahl von Informationsquellen, die bei der Substitutionsprüfung helfen können. Die erste Informationsquelle – neben dem Sicherheitsdatenblatt, in dem jedoch selten Hinweise auf Substitutionsmöglichkeiten zu finden sind – sind die Technischen Regeln für Gefahrstoffe (TRGS) der Reihe 600. Diese TRGS sind – falls zutreffend – zwingend anzuwenden. Es können aber auch andere gleichwertige Schutzmaßnahmen ergriffen werden. In diesem Fall muss aber in der

Dokumentation der Gefährdungsbeurteilung begründet werden, warum von den in den TRGS beschriebenen Maßnahmen abgewichen wird.

In diesen Technischen Regeln, die z.T. erheblich älter sind als die TRGS 600 und noch nicht an die CLP-VO angepasst sind, gibt es viele Hinweise zum Ersatz gefährlicher Stoffe. Die Regeln sind u.a. auf der Homepage der BAuA zu finden und können heruntergeladen werden (https://www.baua.de/DE/Angebote/Rechtstexte-und-Technische-Regeln/Regelwerk/TRGS/TRGS.html).

TRGS der Reihe 600

Nummer	Titel
TRGS 602	**Zinkchromate und Strontiumchromat** als Pigmente für Korrosionsschutz – Beschichtungsstoffe
TRGS 608	**Hydrazin** in Wasser- und Dampfsystemen
TRGS 609	**Methyl- und Ethylglykol** sowie deren Acetate
TRGS 610	**Stark lösemittelhaltige Vorstriche und Klebstoffe** für den Bodenbereich
TRGS 611	**Wassermischbare bzw. wassergemischte Kühlschmierstoffe**, bei deren Einsatz N-Nitrosamine auftreten können
TRGS 614	**Azofarbstoffe**, die in krebserzeugende aromatische Amine gespalten werden können
TRGS 615	**Korrosionsschutzmittel**, bei deren Einsatz N-Nitrosamine auftreten können
TRGS 617	**Stark lösemittelhaltige Oberflächenbehandlungsmittel** für Parkett und andere Holzfußböden
TRGS 618	**Chrom(VI)-haltige Holzschutzmittel**
TRGS 619	**Keramikfasern** im Ofen- und Feuerfestbau

Aber auch der Länderausschuss für Arbeitsschutz und Sicherheitstechnik (LASI) und die Berufsgenossenschaften geben Empfehlungen über Substitutionsmöglichkeiten. Das Internet bietet hier gute Recherchemöglichkeiten. Ein recht einfacher Weg ist, das KMU-Gefahrstoffportal (www.gefahrstoffe-im-griff.de) aufzurufen, auf dem sich Links zu Ersatzstoffen/Ersatzverfahren befinden.

Beispiel

Sehr gute Informationen über Substitutionsmöglichkeiten finden sich in der Bauwirtschaft: Viele Bauchemikalien wurden unter dem Gesichtspunkt des gesundheitlichen Risikos bewertet. So müssen Anwender nicht mehr jedes Einzelprodukt beurteilen. Produkte mit ähnlicher chemischer Zusammensetzung, ähnlichem Einsatzzweck und vergleichbarer Gefährdung sind in Produktgruppen zusammengefasst, denen Produktcodes zugewiesen werden. Aus den Kennziffern des Produktcodes lässt sich die Gefährlichkeit ablesen: Je höher die Kennziffer ist, umso gefährlicher ist das Produkt. Dies ist eine große Hilfe für die Substitutionsentscheidung.

11.4 Bewertung der Gefährdungen

Nicht für alle Gefahrstoffe bzw. Tätigkeiten mit Gefahrstoffen gibt es eine Musterlösung oder eine Handlungshilfe. Dann muss die Gefährdung durch den Gefahrstoff und mögliche Ersatzstoffe selbst ermittelt und bewertet werden. Dies kann manchmal recht einfach sein, z.B. wenn sich für einen akut toxischen Stoff der Kategorie 1 ein Ersatzstoff findet, der als akut toxisch der Kategorie 4 eingestuft ist. Bei der Tätigkeit mit dem Stoff der Kategorie 1 ist eine höhere Gefährdung zu erwarten als beim Arbeiten mit dem Stoff der Kategorie 4. Auch bei entzündbaren Stoffen der Kategorie 1 ist davon auszugehen, dass diese gefährlicher sind als vergleichbare Stoffe der Kategorie 3.

Generell gelten bei der Entscheidung, ob ein Ersatzstoff genommen werden sollte, folgende Regeln:

- Substitutionslösungen, die in TRGS oder Branchenempfehlungen beschrieben sind (standardisierte Arbeitsverfahren), müssen umgesetzt werden. Wenn von diesen Empfehlungen abgewichen wird, ist dies schriftlich zu begründen.
- Gibt es keine Empfehlungen, aber die Bewertung der Gefährdungen ist eindeutig, sollte die Substitutionslösung mit der geringeren Gefährdung gewählt werden, vorausgesetzt, die Alternative ist technisch möglich und damit anwendbar.

Gefährdungen aufgrund gesundheitsgefährlicher Eigenschaften			
Hohe Gefährdung			Niedrige Gefährdung
Akut toxisch Kat. 1, 2	Akut toxisch Kat. 3	Akut toxisch Kat. 4	Keine dieser Eigenschaften
Ätzwirkung	Reizwirkung		Keiner dieser Effekte
Krebserzeugend, keimzellmutagen, reproduktionstoxisch (CMR-Stoff)			Kein CMR-Stoff
Gefährdungen aufgrund physikalisch-chemischer Eigenschaften			
Hohe Gefährdung			Niedrige Gefährdung
Entzündbar Kat. 1	Entzündbar Kat. 2	Entzündbar Kat. 3	Keine dieser Eigenschaften
Brandfördernd			Nicht brandfördernd
Explosionsgefährlich			Nicht explosionsgefährlich

Abb. 22: *Einfaches Modell der Abstufung der gefährlichen Eigenschaften*

11.5 Das Spaltenmodell

Nicht immer findet man jedoch eindeutige Verhältnisse in der Praxis vor, da Gefahrstoffe in der Regel unterschiedliche Gefährlichkeitsmerkmale haben. So stellt sich dann oft die Frage, ob der Einsatz eines weniger toxischen Stoffes, der dafür aber einen wesentlich niedrigeren Flammpunkt und damit eine höhere physikalisch-chemische Gefährdung aufweist, sinnvoll ist. Es lässt sich nicht mehr auf den ersten Blick erkennen, ob die Substitutionslösung die gefährdungsärmere Alternative ist. Hier kann das Spaltenmodell hilfreich sein.

Das Spaltenmodell ermöglicht einen schnellen Vergleich von Stoffen und Gemischen. Es betrachtet – zunächst getrennt – folgende Gefährdungen, die jeweils eine Spalte bilden:

- akute Gesundheitsgefahren,
- chronische Gesundheitsgefahren,
- physikalisch-chemische Gefahren,
- Umweltgefahren,
- Freisetzungsverhalten und
- Arbeitsverfahren.

In jeder Spalte gibt es fünf Abstufungen von Gefährdungen:

- sehr hohe,
- hohe,
- mittlere,
- geringe und
- vernachlässigbare Gefährdungen.

Die Ermittlung der gefährlichen Eigenschaften wird vor allem durch die H-Sätze vorgenommen, wie in den *Abbildungen 23a und 23b* dargestellt ist. Die Abbildungen zeigen eine vereinfachte Version des Spaltenmodells, in dem auf einige (nicht so häufig vorkommende) Eigenschaften verzichtet wurde. Hauptsächlich aber nicht ausschließlich betrifft dies die EUH-Sätze.

Eine ausführliche Darstellung des Spaltenmodells findet sich in Anhang 2 der TRGS 600. Hierzu gibt es auch eine Veröffentlichung des Instituts für Arbeitsschutz (IFA) der Deutschen Gesetzlichen Unfallversicherung (DGUV) (Internetlink → *Anhang 4*).

Spaltenmodell: Gesundheits- und Umweltgefahren			
Gefährdung	**Akute Gesundheitsgefahren (einmalige Wirkung)**	**Chronische Gesundheitsgefahren (wiederholte Wirkung)**	**Umweltgefahren**
	1	**2**	**3**
sehr hoch	Akut toxisch Kat. 1/2 (H300, 310, 330)	Krebserzeugend, Mutagen Kat. 1A/1B (H350, 350i, 340) Tätigkeiten nach TRGS 906	Akut gewässergefährdend Kat. 1 (H400) Chronisch gewässergefährdend Kat. 1 (H410) WGK 3
hoch	Akut toxisch Kat. 3 (H301, 311, 331) Sensibilisierend (H317, 334) STOT SE Kat. 1 (H370) Hautätzend Kat. 1/1A (H314)	Reproduktionstoxisch Kat. 1A/1B (alle H360) Krebserzeugend, Mutagen Kat. 2 (H341, 351) STOT RE Kat. 1 (H372)	Chronisch gewässergefährdend Kat. 2 (H411) Ozonschicht schädigend (H420)
mittel	Akut toxisch Kat. 4 (H302, 312, 332) STOT SE Kat. 2 (H371) Hautätzend Kat. 1B/1C (H314) Augenschädigend (H318)	Reproduktionstoxisch Kat. 2 (alle H361 sowie H362) STOT RE Kat. 2 (H373)	Chronisch gewässergefährdend Kat. 3 (H412) WGK 2
gering	Haut-/Augenreizend (H315, 319) STOT SE Kat. 3 (H335, 336) Aspirationsgefahr (H304)	kein H-Satz, aber Gefahrstoff	Chronisch gewässergefährdend Kat. 4 (H413) WGK 1
vernachlässigbar	unbedenklich	unbedenklich	nicht wassergefährdend

Abb. 23a: *Vereinfachte Darstellung des Spaltenmodells – Gesundheits- und Umweltgefahren; angelehnt an: „Spaltenmodell – Eine Hilfestellung zur Substitutionsprüfung“, IFA*

Spaltenmodell: Brand- und Explosionsgefahren, Freisetzungsverhalten, Verfahren			
Gefährdung	**Brand- und Explosionsgefahren**	**Gefahren durch das Freisetzungsverhalten**	**Gefahren durch das Verfahren**
	4	**5**	**6**
sehr hoch	Explosivstoffe, entzündbare und oxidierende Stoffe (H200-205, 220, 221, 224, 240, 241, 250, 271) Chemisch instabile Gase (H230, 231)	Gase, Flüssigkeiten mit Dampfdruck > 250 hPa Stäube/Aerosole	Offene Verarbeitung Möglichkeit des direkten Hautkontakts Großflächige Anwendung
hoch	Entzündbare und oxidierende Stoffe (H222, 225, 228, 242, 251, 261, 270, 272)	Flüssigkeiten mit Dampfdruck 50–250 hPa	
mittel	Entzündbare und oxidierende Stoffe (H223, 226, 228, 242, 252, 261, 272)*) Gase unter Druck (H280, 281)	Flüssigkeiten mit Dampfdruck 10–50 hPa	Geschlossene Verarbeitung mit Expositionsmöglichkeiten, z.B. beim Abfüllen, bei der Probenahme oder bei der Reinigung
gering	schwer entzündbare Stoffe (kein H-Satz)	Flüssigkeiten mit Dampfdruck 2–10 hPa	
vernachlässigbar	unbrennbar oder sehr schwer entzündbar	Flüssigkeiten mit Dampfdruck < 2 hPa	Geschlossene Anlage

*) teilweise identische H-Sätze, aber niedrigere Kategorie

Abb. 23b: *Vereinfachte Darstellung des Spaltenmodells – Brand- und Explosionsgefahren, Freisetzungsverhalten, Verfahren; angelehnt an: „Spaltenmodell – Eine Hilfestellung zur Substitutionsprüfung", IFA*

11.5.1 Das Freisetzungspotenzial

Das Freisetzungsverhalten ist eine Eigenschaft eines Gefahrstoffes, die nicht nur für die Beurteilung der Gefährdung eine wichtige Rolle spielt. Vielmehr kann sie auch für die Substitutionsentscheidung ausschlaggebend sein. Solange ein Stoff nicht freigesetzt wird und in die Atemluft oder auf die Haut des Beschäftigten gelangen kann, ist keine Gefährdung vorhanden. Eine Gesundheitsgefährdung besteht nur dann, wenn ein Gefahrstoff vom Körper aufgenommen wird.

Merke:

Die beiden wichtigsten Parameter für das Freisetzungspotenzial sind bei Flüssigkeiten und Gasen Siedepunkt bzw. Dampfdruck, bei Feststoffen das Staubungsverhalten.

Beispiel Dichlormethan

Die gesundheitsschädlichen Wirkungen von Dichlormethan sind bekannt; es hat schon viele – auch tödliche – Unfälle gegeben. Betrachtet man die gefährlichen Eigenschaften, ist dies erst einmal nicht offensichtlich, denn Dichlormethan ist – neben einigen anderen gesundheitsgefährdenden Eigenschaften niedrigerer Gefährdung – „nur" potenziell krebserzeugend und mit den Piktogrammen „Gesundheitsgefahr" und „Ausrufezeichen" sowie dem Signalwort „Achtung" gekennzeichnet. Das Gefahrenpotenzial von Dichlormethan liegt in erster Linie in seiner narkotischen Wirkung. Nach Inhalation, insbesondere bei hohen Konzentrationen, kann es zur Bewusstlosigkeit und zum Tod durch Ersticken führen. Aufgrund der sehr hohen Flüchtigkeit von Dichlormethan (Siedepunkt bei 40 °C, der Dampfdruck bei knapp 200 hPa) ist bei Tätigkeiten immer mit einer hohen Konzentration zu rechnen.

Daher sind Dichlormethan bzw. dichlormethanhaltige Abbeizer, die meist ca. 80 % Dichlormethan enthielten, inzwischen europaweit verboten (siehe hierzu Anhang XVII der REACH-Verordnung).

Auch das Verfahren spielt eine wichtige Rolle: Das Versprühen eines gesundheitsschädigenden Stoffes stellt z.B. für die Beschäftigten unter Umständen eine höhere Gefahr dar als die Verwendung von krebserzeugenden Stoffen in einem geschlossenen System.

11.5.2 Anwendung des Spaltenmodells

Die Anwendung des Spaltenmodells setzt eine hinreichende Kenntnis des eingesetzten Stoffes und der möglichen Ersatzstoffe sowie des betrachteten Verfahrens voraus. Daher sind aussagekräftige aktuelle Sicherheitsdatenblätter und/oder ergänzende Informationen erforderlich. Die wichtigsten stoffbezogenen Daten sind: die H-Sätze, der Flammpunkt, der Dampfdruck oder Siedepunkt, bei Feststoffen die Konsistenz (Pulver, Granulat, Paste, Pellets etc.) oder Angaben über das Staubungsverhalten.

Folgende Vorgehensweise wird empfohlen:

- Beschaffen der Informationen (Einstufung, H-Sätze, Flammpunkt, Dampfdruck, WGK etc.) aus dem Sicherheitsdatenblatt,
- Ermitteln der gefährlichen Eigenschaften für den Gefahrstoff und für die potenziellen Ersatzstoffe in jeder Spalte (die Spalten „akute Gesundheitsgefahren“ und „chronische Gesundheitsgefahren“ gelten als eine Spalte),
- Vergleich der Gefahren zwischen Gefahrstoff und Ersatzstoff(en).

Schneidet der Ersatzstoff in allen Spalten besser ab als der bis dahin eingesetzte Stoff, so ist der Ersatzstoff zu nehmen (Fall 1; → *Abbildung 24*).

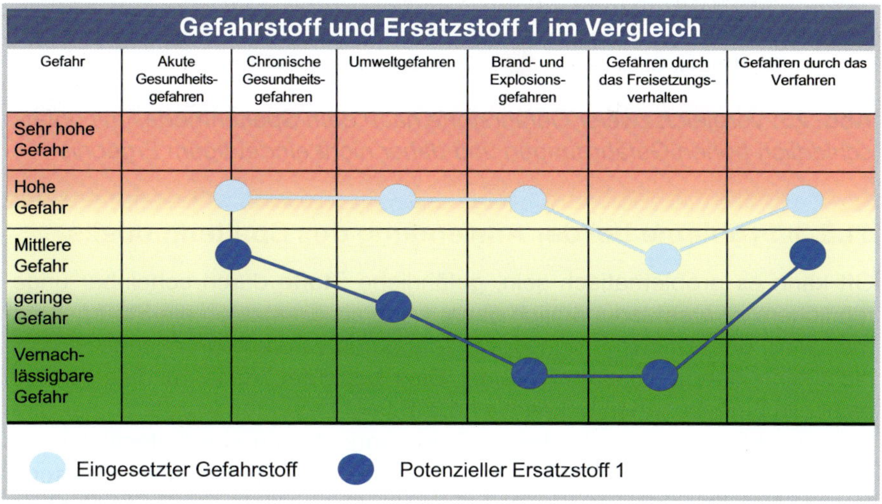

Abb. 24: *Vergleich zweier Gefahrstoffe nach dem Spaltenmodell mit eindeutigem Ergebnis*

Schneidet der Ersatzstoff in einigen Spalten besser, in anderen schlechter ab, dann ist zu entscheiden, welche Gefahr im Einzelfall eine höhere Gewichtung hat (Fall 2; → *Abbildung 25*). Dabei sollte das Augenmerk auch auf dem Verfahren liegen, denn ein Gefahrstoff mit einer hohen Gefahr kann zu einer geringeren Gefährdung führen, wenn der Stoff durch das Verfahren (z.B. weitgehend geschlossenes System) gar nicht oder kaum wirksam werden kann.

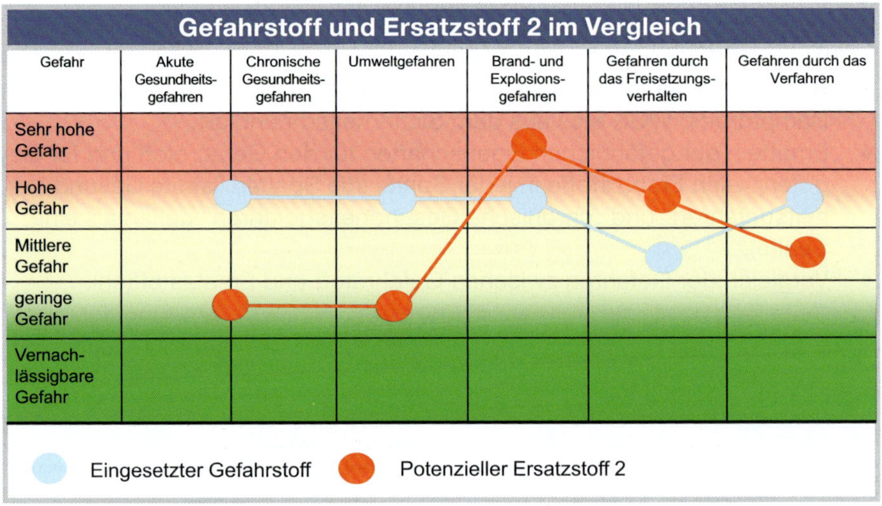

Abb. 25: *Vergleich zweier Gefahrstoffe nach dem Spaltenmodell mit unterschiedlich hohen Gefährdungen und daher nicht eindeutigem Ergebnis*

11.5.3 Probleme bei der Anwendung des Spaltenmodells

Oft kann es problematisch sein, gefährliche Stoffe durch scheinbar ungefährlichere zu ersetzen, nämlich dann, wenn als Ersatzstoff ein Stoff genommen wird, dessen Gefährdungspotenzial durch eine entsprechende Prüfung nicht hinreichend bestimmt wurde. Dies bedeutet, dass zu diesem Stoff nicht alle Eigenschaften bekannt sind, z.B. nicht ermittelt wurde, ob der Stoff hautsensibilisierend ist. In diesen Fällen spricht man von Datenlücken. Im schlimmsten Fall kommt es dann zu einer Substitution mit einem Stoff, der sogar gefährlicher ist als der ursprüngliche Gefahrstoff. Ein Beispiel ist der Ersatz von N-Methylpyrrolidon durch N-Ethylpyrrolidon:

Beispiel

N-Methylpyrrolidon (NMP) ist ein hervorragendes Lösungsmittel, das u.a. insbesondere in der Halbleiterindustrie oft eingesetzt wird. Aufgrund seiner erwiesenen fruchtschädigenden Wirkung wurde nach einem geeigneten Ersatzstoff mit weniger gefährlichen Eigenschaften gesucht. Dieser Stoff wurde sehr schnell gefunden. Es ist das chemisch sehr ähnliche N-Ethylpyrrolidon (NEP), das lange Zeit als nur potenziell fruchtschädigend galt. Allerdings ist NEP mittlerweile ebenfalls als erwiesenermaßen fruchtschädigend (reproduktionstoxisch Kategorie 2, H360D) eingestuft. Mehr noch: Während NMP bisher „nur" haut- und augenreizend ist, verursacht NEP schwere Augenschäden.

Der vermeintlich weniger gefährliche Ersatzstoff ist daher mindestens als ebenso gefährlich einzustufen.

Deshalb fordert die Gefahrstoffverordnung in § 6 Absatz 14, dass bei fehlenden Prüfdaten zur

- akut toxischen,
- reizenden,
- hautsensibilisierenden,
- keimzellmutagenen (erbgutverändernden) Wirkung oder
- zur zielorgantoxischen Wirkung bei wiederholter Exposition

diese Gefahren als vorhanden angenommen werden müssen (→ hierzu *Kapitel 4 „Informationen über Gefahrstoffe", Seite 66*).

Wenn ein möglicher Ersatzstoff gefunden wurde, der aber Datenlücken aufweist, so muss der Ersatzstoff so bewertet werden, als ob er die nicht ermittelten Eigenschaften hätte; aber am konsequentesten und besten ist es, diesen Ersatzstoff nicht weiter in Erwägung zu ziehen.

Auch für Gemische kann das Spaltenmodell angewendet werden. Dabei wird ausschließlich die Einstufung des Gemisches herangezogen. Dies kann dann nachteilig sein, wenn die Konzentration eines Stoffes mit einer hohen Gefahr in dem Gemisch gerade unterhalb der Einstufungsgrenze liegt, die bei Überschreiten dieser Grenze zu einer anderen (höheren) Einstufung des Gemisches führen würde.

11.6 Umsetzung der Ersatzstofflösung

Die Entscheidung über eine Substitution setzt voraus, dass die Ermittlung das Vorhandensein einer Ersatzlösung ergeben hat. Ist dies der Fall, so muss der Ersatzstoff oder das Ersatzverfahren mindestens die zwei folgenden Bedingungen erfüllen:

- Die Ersatzlösung verringert die Gefährdung.
- Die Ersatzlösung ist technisch geeignet.

Sind auch die Kosten „im Rahmen", stellt sich die Frage, unter welchen Bedingungen die Substitution auch durchgeführt werden muss:

- Gibt es eine Ersatzstoff-TRGS oder eine gleichgestellte Empfehlung, muss die Substitutionsmöglichkeit umgesetzt werden.
- Bei Tätigkeiten mit akut toxischen Stoffen der Kategorie 1 oder 2, krebserzeugenden, keimzellmutagenen oder reproduktionstoxischen Stoffen (Kategorie 1A oder 1B) muss eine Substitution immer erfolgen, wenn Alternativen technisch möglich sind und zu einer insgesamt geringeren Gefährdung der Beschäftigten führen.
- Für die anderen Stoffe können bei der Entscheidung über die Substitution die wirtschaftlichen Kriterien berücksichtigt werden. Werden die Kosten und andere betriebliche Faktoren durch die Substitution positiv beeinflusst, muss die Ersatzlösung eingesetzt werden. Details hierzu finden sich in Anlage 3 der TRGS 600.

11.7 Relevante Kostenfaktoren

Häufig ist der Ersatzstoff teuer, was den Arbeitgeber zögern lässt, die scheinbar teurere Lösung umzusetzen. Nur die Kosten des Stoffes zu berücksichtigen, greift jedoch zu kurz. Denn bei einem Stoff mit einer geringeren Gefährdung sind im Allgemeinen auch weniger Schutzmaßnahmen erforderlich. Die Folge: Die Kosten hierfür verringern sich. Wesentliche Einsparmöglichkeiten können sich ergeben für:

- technische Schutzmaßnahmen,
- persönliche Schutzausrüstung,
- arbeitsmedizinische Vorsorge der Beschäftigten,
- Lagerung und Transport sowie
- Entsorgung.

11.8 Rechtssichere Dokumentation der Substitutionsprüfung

Da die Substitutionsprüfung Teil der Gefährdungsbeurteilung ist, ist auch zu dokumentieren, ob sie erfolgt ist und welches Ergebnis erzielt wurde. Eine Dokumentation ist nur dann nicht erforderlich, wenn lediglich eine geringe Gefährdung vorliegt.

Die Art bzw. der Ort der Dokumentation sind nicht vorgeschrieben. Bewährt hat sich die Dokumentation

1. im Gefahrstoffverzeichnis oder
2. als Teil der Gefährdungsbeurteilung.

Aber auch ein vergleichender Eintrag auf Basis des Spaltenmodells ist möglich und natürlich kann das Ergebnis der Substitutionsprüfung auch frei formuliert werden.

Dokumentiert werden muss, dass die Substitutionsprüfung erfolgt ist, sowie das Ergebnis dieser Prüfung. Dafür können standardisierte Sätze genommen werden, wie sie auch in der TRGS 600 vorgeschlagen werden, z.B.:

- Keine Möglichkeit einer Substitution.
- Möglichkeiten einer Substitution sind …
- Lösung ist bereits Ersatzlösung (Substitution wurde durchgeführt).

Manchmal muss ein wenig recherchiert werden, um mögliche Ersatzstoffe oder -verfahren zu finden. Finden sich keine Möglichkeiten einer Substitution, müssen bei Stoffen mit hohem Gefährdungspotenzial die Quellen angegeben werden, in denen gesucht wurde.

Wird bei einer möglichen Ersatzlösung nicht substituiert, so erfordert dies eine Begründung. Dies gilt aber nur für Tätigkeiten mit Stoffen, bei denen zusätzliche oder ergänzende Maßnahmen (§§ 9 und 10 GefStoffV) erforderlich sind und betrifft insbesondere hautresorptive, augen- und hautschädigende sowie krebserzeugende, keimzellmutagene und reproduktionstoxische Stoffe der Kategorie 1A und 1B. Auch diese Dokumentation kann über Standardsätze erfolgen:

- Ersatzlösung technisch nicht geeignet, weil …
- Ersatzlösung verringert Gefährdung nicht ausreichend, weil …
- Ersatzlösung betrieblich nicht geeignet, weil …
- Ersatzlösung eingeleitet, erneute Prüfung bis …

Dokumentation der Substitutionsprüfung im Gefahrstoffverzeichnis (Beispiel Forschungslabor)

Information Stoffe und Arbeitsbereiche				
Gefahrstoff	Labor 1	Labor 2	Gefahrenklassen und -kategorien (Kurz-Codes)	H-Sätze
N,N-Dimethyl-hydrazin	10 l/a		Flam. Liq. 2 Acute Tox. 3 Skin Corr. 1B STOT SE 3 Carc. 1B Aquatic Chronic 2	225 301, 311, 331 314 335 350 411
Toluol		2 l/d	Flam. Liq. 2 Repr. 2 Asp. Tox. 1 STOT RE 2 Skin Irrit. 2 STOT SE 3	225 361d 304 373 315 336
Methylethyl-keton	25 l/a	40 l/a	Flam. Liq. 2 Eye Irrit. 2 STOT SE 3	225 319 336
Chromschwe-felsäure		10 l/a	Acute Tox. 1 Acute Tox. 3 Acute Tox. 4 Carc. 1B Muta. 1B Repr. 1B Skin Corr. 1A Resp. Sens. 1 Skin Sens. 1 STOT RE 2 Aquatic Chronic 2	330 311 302 350 340 360Fd 314 334 337 373 411
Salpetersäure 65 %	10 ml/d		Ox. Liq. 3 Met. Corr. 1 Skin Corr. 1A Eye Dam. 1	272 290 314 318

1 = BAuA, 2 = TRGS 600er, 3 = IFA-Empfehlungen, 4 = gefahrstoff-im-griff

Substitutionsprüfung					
eine Möglichkeiten einer Substitution	Lösung ist bereits Ersatzlösung	Möglichkeiten einer Substitution sind	Ersatzlösung technisch nicht geeignet, weil	Ersatzlösung verringert Gefährdung nicht ausreichend, weil	Informationsquellen
x					2, 3
		andere organische Lösemittel		gleiche Eigenschaft	
	x				
		Natronlauge, Tenside	keine saubere Oberfläche		
			zu geringe Ätzwirkung		1, 3, 4

Kapitel 12
Schutzmaßnahmen

Die wichtigste Aufgabe der Gefährdungsbeurteilung ist, Schutzmaßnahmen für Tätigkeiten mit Gefahrstoffen festzulegen. Dieses ergibt sich bereits aus § 5 Arbeitsschutzgesetz und wird in § 6 Gefahrstoffverordnung konkretisiert. Die rechtliche Basis für die Schutzmaßnahmen bildet Abschnitt 4, insbesondere §§ 9 bis 11 Gefahrstoffverordnung in Verbindung mit der TRGS 500 „Schutzmaßnahmen".

Die Rangfolge der Schutzmaßnahmen wird mit „STOP" beschrieben:

S Substitution
T Technische Maßnahmen
O Organisatorische Maßnahmen
P Personenbezogene Maßnahmen

Dem Thema Substitution ist in diesem Buch ein eigenes Kapitel gewidmet (→ *Kapitel 11 „Substitution"*).

Im Technischen Regelwerk beschäftigen sich die TRGS der 500er-Reihe (TRGS 500 bis TRGS 561) mit Schutzmaßnahmen. Hier gibt es stoffbezogene, tätigkeitsbezogene und branchenbezogene Technische Regeln. Die TRGS 528 „Schweißtechnische Arbeiten" und die TRGS 553 „Holzstaub" behandeln auch Tätigkeiten, bei denen erst Gefahrstoffe entstehen. Insgesamt gibt es zusammen mit der TRGS 500 derzeit (Stand Oktober 2021) 31 Technische Regeln zu Schutzmaßnahmen.

Der Arbeitgeber hat sich bevorzugt nach diesen Technischen Regeln zu richten. Gleichzeitig profitiert er auch davon, da er sich auf die fachliche Kompetenz des Ausschusses für Gefahrstoffe (AGS) verlassen kann (zur Vermutungswirkung → *Kapitel 2 „Rechtsvorschriften", Abschnitt „Technische Regeln für Gefahrstoffe"*).

Im Folgenden werden einige wichtige, häufig verwendete, TRGS herausgegriffen:

Wichtige Technische Regeln zu Schutzmaßnahmen (Auswahl)

TRGS 500	**Schutzmaßnahmen**
TRGS 505	**Blei**
TRGS 509	**Lagern** von flüssigen und festen Gefahrstoffen **in ortsfesten Behältern** sowie Füll- und Entleerstellen für ortsbewegliche Behälter
TRGS 510	**Lagerung** von Gefahrstoffen in **ortsbeweglichen Behältern**
TRGS 525	Gefahrstoffe in **Einrichtungen der medizinischen Versorgung**
TRGS 526	**Laboratorien**
TRGS 530	**Friseurhandwerk**
TRGS 528	**Schweißtechnische Arbeiten**
TRGS 553	**Holzstaub**
TRGS 554	**Abgase von Dieselmotoren**
TRGS 555	**Betriebsanweisung und Information der Beschäftigten**
TRGS 559	**Quarzhaltiger Staub**
TRGS 561	Tätigkeiten mit **krebserzeugenden Metallen** und ihren Verbindungen

12.1 Gestuftes Maßnahmenkonzept

Zur Erreichung des Schutzziels wird in der Gefahrstoffverordnung ein gestuftes Maßnahmenkonzept beschrieben, welches additiv auf den Basis-Schutzmaßnahmen (Grundpflichten und allgemeine Schutzmaßnahmen) aufbaut. Je höher der Grad der Gefährdung ist, desto mehr zusätzliche Schutzmaßnahmen müssen ergriffen werden.

Die drei Stufen des Maßnahmenkonzeptes
• Grundpflichten + allgemeine Schutzmaßnahmen (Basis)
• Grundpflichten + allgemeine Schutzmaßnahmen + zusätzliche Schutzmaßnahmen
• Grundpflichten + allgemeine Schutzmaßnahmen + zusätzliche Schutzmaßnahmen + besondere Schutzmaßnahmen

Der größte Aufwand für die Schutzmaßnahmen entsteht somit bei Tätigkeiten mit besonders hoher Gefährdung, z.B. bei Tätigkeiten mit krebserzeugenden, keimzellmutagenen oder reproduktionstoxischen Gefahrstoffen im nicht geschlossenen System (§ 10 GefStoffV) oder z.B. bei Brand- und Explosionsgefahr durch extrem und leicht entzündbare Stoffe oder Gemische (§ 11 GefStoffV).

Wie bereits in *Kapitel 10 „Grundlegende Bestimmungen der Gefahrstoffverordnung“* beschrieben, muss der Arbeitgeber **immer** eine Gefährdungsbeurteilung erstellen sowie Grundpflichten und allgemeine Schutzmaßnahmen nach Gefahrstoffverordnung einhalten.

Anschließend wird geprüft, ob diese Maßnahmen ausreichen oder ob zusätzliche Maßnahmen, abhängig von der Höhe der Gefährdung, zu ergreifen sind. Das Vorgehen wird in *Abbildung 26* auf der Folgeseite deutlich.

Die Grundpflichten können mit den folgenden Punkten beschrieben werden:

Grundpflichten

1. Erstellung der Gefährdungsbeurteilung für alle Gefahrstofftätigkeiten (→ *Kapitel 1 „Vorgehensweise bei der Gefährdungsbeurteilung“*)
2. Maßnahmen nach Arbeitsschutzgesetz (ArbSchG) einhalten
3. Beachtung der Technischen Regeln für Gefahrstoffe (s.o.)
4. Substitutionsprüfung (→ *Kapitel 11 „Substitution“*)
5. Minimierungsgebot (→ *Kapitel 10 „Grundlegende Bestimmungen der Gefahrstoffverordnung“*)
6. Rangfolge der Schutzmaßnahmen: **S – T – O – P** (s.o.)
7. Bereitstellen von persönlicher Schutzausrüstung (PSA)
8. Benutzung der PSA durch Beschäftigte sicherstellen
9. Überprüfen der technischen Schutzeinrichtungen
10. Einhaltung von Grenzwerten bzw. Beurteilungsmaßstäben

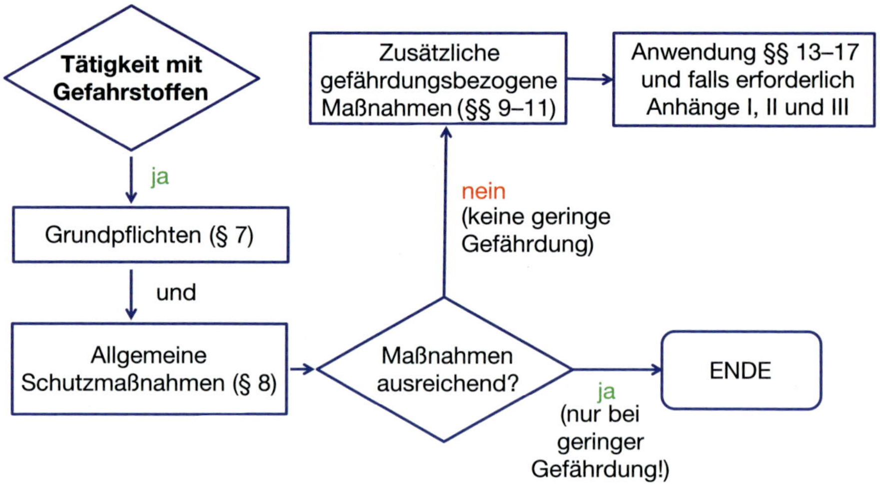

Abb. 26: *Vorgehensweise zur Anwendung des Schutzmaßnahmenkonzeptes*

Zu den Maßnahmen nach dem Arbeitsschutzgesetz unter Punkt 2 gehören z.B. erforderliche Regelungen zur Ersten Hilfe, Brandbekämpfung und Evakuierung, eine angemessene und ausreichende Unterweisung, die Ermöglichung einer arbeitsmedizinischen Vorsorge oder Zugangsbeschränkungen zu und Vorkehrungen in besonders gefährlichen Arbeitsbereichen.

Die Bereitstellung von PSA und das Sicherstellen von deren Nutzung (Punkte 7 und 8) sind als zusätzliche, nachgeordnete Maßnahmen nach Ausschöpfung von (allen) technischen und organisatorischen Maßnahmen zu verstehen.

Die Überprüfung von technischen Schutzeinrichtungen (Punkt 9) ist regelmäßig, jedoch spätestens nach drei Jahren durchzuführen. Häufig erfordern andere Verordnungen, Technische Regeln, Normen oder Regelungen der DGUV kürzere Prüfungsintervalle. Dies ist für verschiedene Schutzeinrichtungen unterschiedlich festgelegt. Bei technischen Schutzmaßnahmen wie Absaugungen sind z.B. auch die Forderungen der Betriebssicherheitsverordnung (BetrSichV) zu berücksichtigen.

Die Einhaltung von Arbeitsplatzgrenzwerten kann mittels Arbeitsplatzmessungen, validen Berechnungsverfahren, durch Analogiebetrachtungen von vergleichbaren Arbeitsplätzen oder anhand verfahrens- und stoffspezifischer Kriterien (VSK) nachgewiesen werden.

In folgenden Fällen muss der Arbeitgeber unverzüglich handeln:

- bei der Überschreitung des Arbeitsplatzgrenzwertes (AGW) oder des Biologischen Grenzwertes (BGW),
- bei Hautkontakt mit hautresorptiven, haut- oder augenschädigenden Gefahrstoffen sowie
- bei Gefahrstoffen ohne AGW oder BGW, die einer Gefahrenklasse mit inhalativer Gefährdung zugeordnet sind.

Insbesondere in den beiden erstgenannten Fällen wäre zunächst zu prüfen, ob die vorgesehenen Schutzmaßnahmen auch korrekt umgesetzt sind (ein häufiger Fehler). Gegebenenfalls muss der Arbeitgeber die Gefährdungsbeurteilung überprüfen, eventuell korrigieren und auf Basis der wiederholten Gefährdungsbeurteilung zusätzliche Schutzmaßnahmen zur Einhaltung des Arbeitsplatzgrenzwertes und des Biologischen Grenzwertes ergreifen. Wird der Arbeitsplatzgrenzwert trotz der zusätzlichen technischen und organisatorischen Maßnahmen nicht eingehalten, hat der Arbeitgeber den Beschäftigten persönliche Schutzausrüstung zur Verfügung zu stellen.

Neben den Grundpflichten müssen bei Tätigkeiten mit Gefahrstoffen auch die allgemeinen Schutzmaßnahmen, die in § 8 Gefahrstoffverordnung beschrieben sind, eingehalten werden:

Allgemeine Schutzmaßnahmen

1. Geeignete Gestaltung des Arbeitsplatzes und der Arbeitsorganisation
2. Verwendung geeigneter Arbeitsmittel für die Tätigkeit mit Gefahrstoffen
3. Hygienemaßnahmen zur Vermeidung von Kontamination
4. Regelmäßige Reinigung des Arbeitsplatzes
5. Begrenzung der Anzahl von Beschäftigten mit Gefahrstofftätigkeiten
6. Begrenzung der für die Tätigkeit erforderlichen Menge an Gefahrstoffen
7. Begrenzung der Höhe, Dauer und Häufigkeit der Gefahrstoffexposition
8. Kennzeichnung im Arbeitsbereich:
   - eindeutige Identifizierbarkeit aller Stoffe und Gemische
   - innerbetrieblich eindeutige Kennzeichnung aller Stoffe und Gemische
   - Kennzeichnung von Apparaturen und Rohrleitungen
9. Ess-, Rauch- und Trinkverbot am Arbeitsplatz

10. Verwendung verschließbarer Gefahrstoffgebinde zur sicheren Handhabung und Lagerung sowie zum Transport
11. Sicheres Aufbewahren oder Lagern der Gefahrstoffe
12. Sichere Entsorgung nicht mehr benötigter Gefahrstoffe
13. Zugangsbeschränkung für akut toxische Stoffe/Gemische der Kategorien 1, 2 und 3, für krebserzeugende und keimzellmutagene Stoffe/Gemische der Kategorien 1A und 1B sowie für Stoffe/Gemische mit Zielorgantoxizität der Kategorie 1
14. Fachkunde bzw. besondere Unterweisung der Beschäftigten als Voraussetzung für Tätigkeiten mit unter Punkt 13 genannten Stoffen/Gemischen

Zusätzlich zu den Stoffen/Gemischen, die unter Punkt 13 genannt sind, dürfen Tätigkeiten mit reproduktionstoxischen Stoffen/Gemischen der Kategorien 1A und 1B sowie mit atemwegssensibilisierenden Stoffen/Gemischen nur von fachkundigen oder besonders unterwiesenen Personen durchgeführt werden. Ausgenommen hiervon ist das Betanken von Fahrzeugen an Tankstellen.

Ergibt die Gefährdungsbeurteilung, dass die oben beschriebenen Maßnahmen zur Einhaltung der Grundpflichten und die allgemeinen Schutzmaßnahmen nicht ausreichen, so hat der Arbeitgeber zusätzliche Maßnahmen zu ergreifen:

Zusätzliche Schutzmaßnahmen

1. Geschlossenes System, wenn technisch möglich; sonst Minimierung nach dem Stand der Technik
2. Getrennte Spinde für Schutzkleidung und Straßenkleidung
3. Reinigung der Schutzkleidung, die durch Gefahrstoffe verunreinigt wurde
4. Zutrittsbeschränkung für den Arbeitsbereich: nur für die Beschäftigten zugänglich, die zur Ausführung ihrer Arbeit den Bereich betreten müssen
5. Verbot der Alleinarbeit; Überwachung z.B. mit technischen Mitteln oder organisatorisch über eine zweite Person
6. Arbeitsmedizinische Pflicht- oder Angebotsvorsorge

Geschlossene Systeme/Anlagen (Punkt 1) stellen erhebliche technische, organisatorische und personelle Anforderungen an Werkstoffe, Konstruktion, Betrieb und Prüfung der Anlage.

So müssen u.a. folgende Auflagen erfüllt werden:

- geeignete Werkstoffe und Konstruktion,
- qualitätsgesicherte Bauteile und Werkstoffe,
- geeignete statische und dynamische Dichtungen,
- Sicherungen gegen Lagerversagen,
- Qualifikation des Montagepersonals,
- spannungsfreie Aufstellung,
- Vermeiden kritischer Einflüsse, z.B. Vibrationen,
- Vermeiden von Korrosion, Erosion, Kaviation,
- regelmäßige Prüfung der Anlagenteile und
- sichere Ergonomie (Vermeiden von Fehlbedienungen etc.).

12.2 Stand der Technik

Sollte das geschlossene System technisch nicht möglich sein, ist eine Minimierung nach dem Stand der Technik gefordert.

Der Stand der Technik orientiert sich nicht an den **üblichen** betrieblichen Verfahren, sondern an **fortschrittlichen, aber machbaren** Verfahren zur Verbesserung der Sicherheit der Beschäftigten. Diese haben sich bereits in der Praxis bewährt (zur Definition des Begriffs in der Gefahrstoffverordnung → *Kapitel 8 „Expositionsbegrenzung und Grenzwerte“, Seite 125*).

Die Technische Regel für Gefahrstoffe (TRGS) 460 „Vorgehensweise zur Ermittlung des Standes der Technik“ beschreibt schrittweise das Vorgehen, mit dem der Stand der Technik ermittelt werden kann. Praxisbeispiele zur TRGS 460 sind auf der Homepage der BAuA veröffentlicht.

12.3 Information der Beschäftigten

Neben der vorrangigen Substitution und technischen Schutzmaßnahmen hat der Arbeitgeber auch organisatorische Schutzmaßnahmen zu ergreifen. Eine zentrale organisatorische Schutzmaßnahme ist die Information der Beschäftigten.

In § 14 Gefahrstoffverordnung ist festgelegt, dass die Beschäftigten Kenntnis haben müssen über

- die am Arbeitsplatz vorhandenen oder entstehenden Gefahrstoffe und
- die zum Schutz der Beschäftigten ergriffenen Maßnahmen.

Die Information der Beschäftigten erfolgt über mehrere Wege, wie der folgende Kasten zeigt:

Information der Beschäftigten

1. Zugang zu Sicherheitsdatenblättern
2. Betriebsanweisung: Informationen über angemessene Vorsichtsmaßnahmen und Verfahren, die zum Schutz der Beschäftigten angewendet werden
3. Mündliche Unterweisung anhand der Betriebsanweisung
4. Arbeitsmedizinisch-toxikologische Beratung
   - wenn fachlich erforderlich durch Betriebsärztin/Betriebsarzt
   - bei Hinweis auf besondere Gesundheitsgefährdungen
   - Informationen zur arbeitsmedizinischen Vorsorge

Zwei der Informationswege, die Betriebsanweisung und die Unterweisung, werden in diesem Kapitel näher beschrieben; die arbeitsmedizinisch-toxikologische Beratung wird in *Kapitel 13 „Arbeitsmedizinische Vorsorge“* behandelt.

12.3.1 Betriebsanweisung und Unterweisung

Mit der Betriebsanweisung und der Unterweisung soll sichergestellt werden, dass die Beschäftigten ausreichend über die Gefahren an ihrem Arbeitsplatz informiert sind und wissen, welche Schutzmaßnahmen zur Minimierung der Gefahr ergriffen werden.

Die Betriebsanweisung ist arbeitsplatz- und tätigkeitsbezogen zu gestalten und berücksichtigt das Ergebnis der Gefährdungsbeurteilung. Sie beschreibt die in der Gefährdungsbeurteilung ermittelten möglichen Gefährdungen der Beschäftigten durch Gefahrstoffe an ihrem Arbeitsplatz sowie die zur Minimierung der Gefährdung vorhandenen Schutzmaßnahmen, die von den Beschäftigten angewandt werden müssen (z.B. Verwendung der Absauglage). Sie muss in einer für die Beschäftigten verständlichen Form und Sprache erstellt werden. Bei einer maßgeblichen Veränderung der Arbeitsbedingungen muss sie an die neuen Erkenntnisse anpasst und entsprechend dem Stand der Gefährdungsbeurteilung aktualisiert werden.

In der Betriebsanweisung wird auch auf die gegebenenfalls notwendige persönliche Schutzausrüstung und deren sachgerechten Gebrauch hingewiesen. Ebenso listet sie besondere Maßnahmen auf, die bei Störungen, Unfällen und Notfällen zu ergreifen sind.

Die Betriebsanweisung ist eine schriftliche Weisung des Arbeitgebers und muss als solche von den Beschäftigten befolgt werden.

Die Form der Gefahrstoff-Betriebsanweisung ist nicht vorgeschrieben; dennoch empfiehlt es sich, sie nach der Technischen Regel für Gefahrstoffe (TRGS) 555 zu gestalten. In der Praxis werden die Gefahrstoff-Betriebsanweisungen üblicherweise in einem Formular mit oranger oder roter Umrandung erstellt und nach den folgenden Punkten gegliedert:

1. Arbeitsbereich, Arbeitsplatz, Tätigkeit,
2. Gefahrstoffe (Bezeichnung),
3. Gefahren für Mensch und Umwelt,
4. Schutzmaßnahmen, Verhaltensregeln,
5. Verhalten im Gefahrenfall,
6. Erste Hilfe und
7. Sachgerechte Entsorgung.

Die einheitliche Gestaltung erleichtert den Beschäftigten den Wiedererkennungswert der Betriebsanweisung im betrieblichen Alltag.

Entsprechend der Gefährdungsbeurteilung dürfen Gruppenbetriebsanweisungen für Gefahrstoffe erstellt werden. Voraussetzung hierfür ist, dass bei Tätigkeiten mit den unterschiedlichen Gefahrstoffen ähnliche Gefährdungen auftreten und mit vergleichbaren Schutzmaßnahmen vermieden oder vermindert werden. Dies gilt z.B. für Lackierarbeiten mit verschiedenen lösemittelhaltigen Lacken, Standardanalysen in Laboratorien durch fachkundige Labormitarbeiterinnen oder -mitarbeiter oder die passive Lagerung von verschiedenen Gefahrstoffen gleicher oder ähnlicher Gefahrenklassen.

Tätigkeiten, die mit besonders hohen Gefahren verbunden sind, müssen in einer Einzelbetriebsanweisung beschrieben werden, um die Beschäftigten auf die besonderen Gefahren bei dieser (speziellen) Tätigkeit mit dem (speziellen) Gefahrstoff aufmerksam zu machen. Beispiele hierfür sind Lackierarbeiten mit einem Lack, der krebserzeugende, keimzellmutagene oder reproduktionstoxische Lösemittel enthält, der Einsatz von Flusssäure in Laboratorien oder die Lagerung von explosionsgefährlichen Stoffen.

Merke:

Wenige übergeordnete tätigkeitsbezogene Gruppenbetriebsanweisungen und gegebenenfalls zusätzlich einige wenige, ebenfalls tätigkeitsbezogene Einzelbetriebsanweisungen für Tätigkeiten mit besonders hoher Gefährdung sorgen für eine sinnvolle kleine Anzahl von Betriebsanweisungen (so viele wie nötig, so wenige wie möglich) und erleichtern die Umsetzung der Anweisungen.

Für alle Tätigkeiten mit Gefahrstoffen, die in der Gefährdungsbeurteilung erfasst werden müssen, sind auch tätigkeits- und arbeitsplatzbezogene Betriebsanweisungen zu erstellen.

Die beiden Abbildungen verdeutlichen die Vorgehensweise.

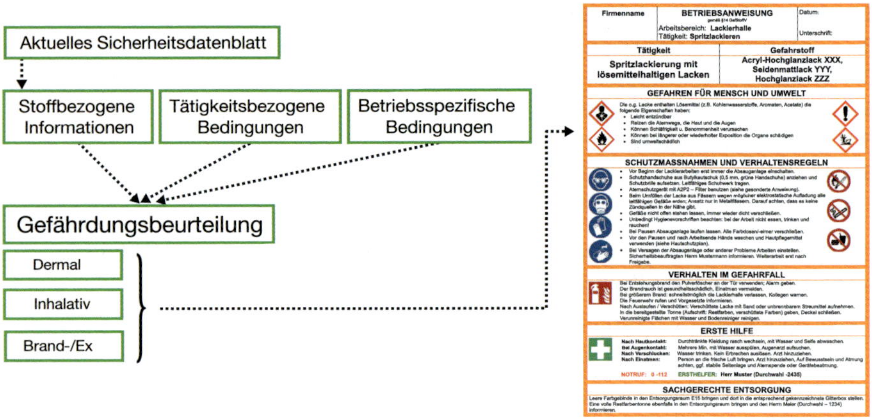

Abb. 27: *Betriebsanweisung – Beschreibung der Gefahren für Mensch und Umwelt*

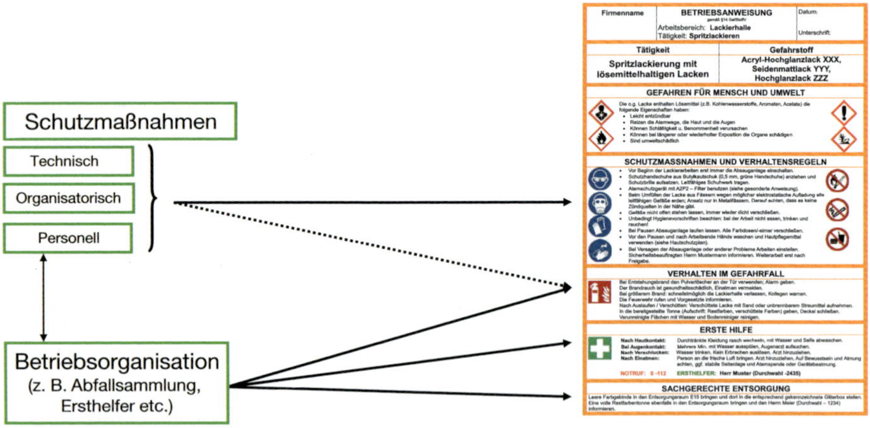

Abb. 28: *Betriebsanweisung – Beschreibung der Schutzmaßnahmen und der betrieblichen Regelungen zum Brandschutz, zur Ersten Hilfe und zur Entsorgung*

Die Betriebsanweisungen bilden die Basis für die Unterweisung der Beschäftigten durch den Arbeitgeber.

Das Ziel der Unterweisung ist es, die Beschäftigten über die Gefährdung bei ihren Tätigkeiten mit Gefahrstoffen zu informieren und über die am Arbeitsplatz zu ergreifenden bzw. einzuhaltenden Schutzmaßnahmen (technische, organisatorische und ggf. persönliche) zu unterrichten. Damit stellt der Arbeitgeber sicher, dass die Beschäftigten in der Lage sind, sich sicherheitsgerecht im Sinne des Arbeits- und Gesundheitsschutzes zu verhalten.

Teil der Unterweisung ist auch die allgemeine arbeitsmedizinisch-toxikologische Beratung. Diese dient der Aufklärung der Beschäftigten über die Voraussetzungen und den Zweck einer arbeitsmedizinischen Vorsorge. Wenn es aus arbeitsmedizinischen Gründen erforderlich ist, wird die arbeitsmedizinisch-toxikologische Beratung unter Beteiligung der Betriebsärztin oder des Betriebsarztes durchgeführt.

Die Unterweisung ist vor Aufnahme der Tätigkeit mit Gefahrstoffen mündlich durchzuführen und muss regelmäßig, mindestens einmal jährlich, wiederholt werden. Online-Unterweisungen der Beschäftigten alleine reichen nicht aus. Sie sind durch arbeitsplatzspezifische, mündliche Unterweisungen zu ergänzen. Die Durchführung der Unterweisung ist von den Unterweisenden sowie von den Unterwiesenen schriftlich zu dokumentieren. Das Dokument ist mindestens zwei Jahre aufzubewahren.

12.4 Besondere Schutzmaßnahmen

§ 10 Gefahrstoffverordnung sieht für Tätigkeiten mit krebserzeugenden, keimzellmutagenen und reproduktionstoxischen Gefahrstoffen der Kategorien 1A und 1B besondere Schutzmaßnahmen vor:

Besondere Schutzmaßnahmen bei krebserzeugenden, keimzellmutagenen und reproduktionstoxischen Gefahrstoffen der Kategorien 1A und 1B

1. Anwendung des Expositions-Risiko-Konzeptes (TRGS 910) zur Erfüllung des Minimierungsgebots
2. Durchführung von Arbeitsplatzmessungen oder gleichwertigen Nachweismethoden
3. Abgrenzung des Arbeitsbereichs und Zutrittsverbot für Unbefugte

4. Zugangsregelung und Fachkunde bzw. besondere Unterweisung der Beschäftigten (→ *Seite 168, Kasten „Allgemeine Schutzmaßnahmen", Punkte 13 und 14*)
5. Bei Gefahr einer erhöhten Exposition: Verkürzung der Exposition der Beschäftigten im Arbeitsbereich auf ein Minimum und Tragepflicht von PSA für die Dauer der erhöhten Exposition
6. Keine Rückführung abgesaugter Luft in den Arbeitsbereich außer bei Anwendung behördlich oder berufsgenossenschaftlich anerkannter Verfahren
7. Führung eines Expositionsverzeichnisses der Beschäftigten, die Tätigkeiten mit krebserzeugenden und keimzellmutagenen Gefahrstoffen der Kategorien 1A und 1B ausüben, und bei denen eine Gefährdung der Gesundheit oder der Sicherheit besteht

Auch für Tätigkeiten mit Brand- und Explosionsgefahren werden in der Gefahrstoffverordnung in Ergänzung zu den allgemeinen Schutzmaßnahmen hohe zusätzliche Anforderungen an das zu erreichende Schutzniveau gestellt:

Besondere Schutzmaßnahmen bei Brand- und Explosionsgefahren

1. Vermeidung gefährlicher Mengen oder Konzentrationen von brand- oder explosionsgefährlichen Gefahrstoffen
2. Vermeidung von Zündquellen
3. Verringerung der schädlichen Auswirkungen von Bränden oder Explosionen auf ein Minimum
4. Verhinderung des Auftretens von Brand- und Explosionsgefahren in Arbeitsbereichen, an Arbeitsplätzen, mit Arbeitsmitteln und deren Verbindungen durch technische und konstruktive Mittel
5. Besondere Maßnahmen gelten für Tätigkeiten mit organischen Peroxiden:
   - Minimierung der Gefahr einer unbeabsichtigten Explosion
   - Beschränkung der Auswirkung von Bränden und Explosionen

Für weitere Details sei an dieser Stelle besonders auf Anhang I Nummer 1 „Brand- und Explosionsgefährdungen" und Anhang III „Spezielle Anforderungen an Tätigkeiten mit organischen Peroxiden" der Gefahrstoffverordnung verwiesen.

Es gelten natürlich auch die grundlegenden Bestimmungen aus dem Arbeitssicherheitsgesetz, z.B. regelmäßiges Begehen der Arbeitsstätte, Durchführen von Wirksamkeitskontrollen oder darauf achten, dass die persönliche Schutzausrüstung benutzt wird.

12.5 Personenbezogene Maßnahmen

Personenbezogene Schutzmaßnahmen, d.h. die Anwendung von persönlicher Schutzausrüstung (PSA) durch die Beschäftigten, sind – wie bereits oben erwähnt – der vierte und damit letzte Schritt bei der Auswahl der Schutzmaßnahmen. Sie dürfen erst dann zum Zug kommen, wenn die Anwendung des Substitutionsgebotes sowie die technischen und organisatorischen Maßnahmen ausgeschöpft sind und diese nicht ausreichen.

In der Realität wird die Anwendung der persönlichen Schutzausrüstung leider sehr häufig als erste Maßnahme vorgeschlagen, was letztendlich nicht rechtskonform ist.

Merke:

Die persönliche Schutzausrüstung ist eine Maßnahme, die sich aus der Gefährdungsbeurteilung ergibt. Für die Beschaffung, Unterhaltung, Reinigung und den Ersatz von persönlicher Schutzausrüstung ist der Arbeitgeber verantwortlich.

Persönliche Schutzausrüstung ist keine Arbeitskleidung; Arbeitskleidung hat keine spezifische Schutzfunktion gegen schädigende Einflüsse.

Wie die Bezeichnung „persönliche Schutzausrüstung“ bereits aussagt, ist sie jeder einzelnen Mitarbeiterin und jedem einzelnen Mitarbeiter vom Arbeitgeber zur Verfügung zu stellen. Jede beschäftigte Person erhält individuell z.B. ihre Schutzbrille, ihre Schutzhandschuhe, ihren Atemschutz etc. als Maßnahme aus der Gefährdungsbeurteilung. Neben der Passform spielen auch hygienische Aspekte eine Rolle.

Die persönliche Schutzausrüstung ist in der Verordnung (EU) 2016/425 über persönliche Schutzausrüstungen wie folgt definiert:

Persönliche Schutzausrüstung

a. Ausrüstung, die entworfen und hergestellt wird, um von einer Person als Schutz gegen ein oder mehrere Risiken für ihre Gesundheit oder ihre Sicherheit getragen oder gehalten zu werden
b. austauschbare Bestandteile für Ausrüstungen gemäß Buchstabe a, die für ihre Schutzfunktion unerlässlich sind
c. Verbindungssysteme für Ausrüstungen gemäß Buchstabe a, die nicht von einer Person gehalten oder getragen werden und so entworfen sind, dass sie diese Ausrüstung mit einer externen Vorrichtung oder einem sicheren Ankerpunkt verbinden, und die nicht so entworfen sind, dass sie ständig befestigt sein müssen, und die vor ihrer Verwendung keine Befestigungsarbeiten benötigen (Artikel 3 Nr. 1 Verordnung (EU) 2016/425)

In dieser EU-Verordnung erfolgt auch eine Einteilung der PSA in die Kategorien I, II und III; hier sind nur die gefahrstoffspezifischen Gefährdungen aufgeführt:

- Kategorie I – geringfügige Risiken, z.B.:
  - Kontakt mit schwach aggressiven Reinigungsmitteln oder längerer Kontakt mit Wasser.
- Kategorie II umfasst Risiken, die nicht unter Kategorie I oder Kategorie III aufgeführt sind.
- Kategorie III – Risiken, die zu sehr schwerwiegenden Folgen wie Tod oder irreversiblen Gesundheitsschäden führen können, z.B.:
  - gesundheitsgefährdende Stoffe und Gemische,
  - Atmosphären mit Sauerstoffmangel oder
  - schädliche biologische Agenzien (Biozide).

Gegen schädigende Gefahrstoffeinwirkungen werden üblicherweise die in der Tabelle genannten Schutzausrüstungen eingesetzt:

Schutzziel	Schutzausrüstung
Handschutz	Schutzhandschuhe
Augenschutz	Schutzbrillen, Gesichtsschutz
Atemschutz	Filter- und Isoliergeräte
Körperschutz	Schutzschürzen, Schutzanzüge
Fußschutz	Schutzschuhe

Als Folge der Mitwirkungspflicht im Arbeitsschutzrecht nach §§ 15 und 16 ArbSchG müssen die Beschäftigten die vom Arbeitgeber zur Verfügung gestellte PSA tragen.

Durch persönliche Schutzausrüstung kann auch eine neue Gefährdung entstehen, die jedoch in der Regel geringer ist als die Gefährdung, zu deren Verminderung die PSA angewandt wird. Ein Beispiel ist Feuchtarbeit beim Tragen von flüssigkeitsdichten Handschuhen: Bei längerem Tragen der Handschuhe wird die äußere Hautschicht aufgeweicht und ist damit durchlässiger gegenüber äußeren Einflüssen. Als weiteres Beispiel kann der Augenschutz genannt werden, bei dem es zur Einschränkung des Sichtfelds und unter Umständen zu einer erhöhten Sturzgefahr kommen kann.

Beim Einsatz von PSA sind daher ebenfalls Schutzmaßnahmen zu definieren, wie z.B. Tragezeitbegrenzung, Hautschutz oder gegebenenfalls arbeitsmedizinische Vorsorge. Im Folgenden werden verschiedene PSA kurz vorgestellt.

12.5.1 Atemschutz

Atemschutzgeräte werden generell in zwei Kategorien eingeteilt:

1. Filtergeräte und
2. Isoliergeräte.

Die Filtergeräte sind abhängig von der Umgebungsatmosphäre, die Isoliergeräte dagegen nicht.

Der Atemschutz besteht aus Halb- bzw. Vollmasken und einem entsprechenden Filtertyp, der auf bestimmte Aggregatszustände von Gefahrstoffen ausgerichtet ist. Partikelfilter sind z.B. gegen die inhalative Belastung durch Partikel oder Stäube wirksam, Gasfilter gegen die Belastung durch Gase/Dämpfe. Andere Filtertypen sind als Schutz gegenüber beiden wirksam (Kombinationsfilter).

Diese verschiedenen Systeme schützen in unterschiedlicher Höhe gegen spezifische Gefahrstoffexpositionen.

Bei den oben beschriebenen Atemschutzsystemen kann der Atemwiderstand bei der höchsten Klasse (P3) so hoch sein, dass insbesondere bei körperlichen Arbeiten mit Gefahrstoffen die Zuluftzufuhr technisch unterstützt werden muss. In diesen Fällen tragen die Beschäftigten eine Kopfhaube mit Maske und die durch den entsprechenden Filter gesaugte Zuluft wird von einem Gebläse verstärkt. Der Atemwiderstand wird hiermit deutlich geringer, da die Beschäftigten nicht gegen den Atemwiderstand der Maske atmen müssen.

Filtertypen für Gase; nach DGUV Regel 112-190

Typ	Kennfarbe	Hauptanwendungsbereich	Klasse	Prüfgaskonzentration
A	braun	Organische Gase und Dämpfe mit Siedepunkt > 65 °C	1 2 3	1000 ml/m³ (0,1 Vol.-%) 5000 ml/m³ (0,5 Vol.-%) 10.000 ml/m³ (1,0 Vol.-%)
B	grau	Anorganische Gase und Dämpfe, z.B. Chlor, Hydrogensulfid (Schwefelwasserstoff), Hydrogencyanid (Blausäure) – nicht gegen Kohlenstoffmonoxid		
E	gelb	Schwefeldioxid, Hydrogenchlorid (Chlorwasserstoff) und andere saure Gase		
K	grün	Ammoniak und organische Ammoniak-Derivate		
AX	braun	Niedrigsiedende organische Verbindungen (Siedepunkt ≤ 65 °C) der Niedrigsiedergruppen 1 und 2	–	Gr. 1 100 ml/m³ für max. 40 min Gr. 1 500 ml/m³ für max. 20 min Gr. 2 1000 ml/m³ für max. 60 min Gr. 2 5000 ml/m³ für max. 20 min
SX	violett	wie vom Hersteller festgelegt	–	5000 ml/m³ (0,5 Vol.-%)
NO-P3	blau-weiß	Nitrose Gase, z.B. NO, NO_2, NO_X	–	Herstellerangaben beachten
Hg-P3	rot-weiß	Quecksilber		
CO	schwarz	Kohlenstoffmonoxid		
Reaktor, meist Reaktor P3	orange orange-weiß	Radioaktives Iod einschließlich radioaktivem Iodmethan		

Die *Tabelle* auf der gegenüberliegenden Seite listet verschiedene Filtertypen für Gase mit Kennfarbe und Hauptanwendungsbereich auf:

Als maximaler Atemschutz wird der sogenannte umgebungsluftunabhängige Schutz verstanden, wobei die Versorgung mit Atemluft über Druckgasflaschen erfolgt, vergleichbar mit der Versorgung von Tauchern. Umgebungsluftunabhängige Atemschutzgeräte werden in der Regel zusammen mit Vollschutzanzügen (Chemikalienschutzanzüge) getragen, die überwiegend bei Havarien oder großen Unfällen mit Chemikalien durch die Werks- oder Berufsfeuerwehr sowie technische Hilfswerke bzw. den Katastrophenschutz zum Einsatz kommen. Dieser umgebungsluftunabhängige Atemschutz wird in der Regel bei „normalen" Arbeitsplätzen nicht angewandt.

Abb. 29: *Beispiel eines Isoliergeräts; Quelle: BAD GmbH*

12.5.2 Schutzbrillen gegen chemische Einwirkungen

Als Augenschutz versteht man in der Regel eine Brille, die vor Belastungen durch Chemikalien – feste, flüssige oder gasförmige Substanzen – Schutz bietet.

In den meisten Fällen werden Gestellbrillen mit Seitenschutz getragen. Weiterhin gibt es sogenannte Korbbrillen, die im Gegensatz zu den Gestellbrillen den Augenraum umschließen. Sie sind aus weichem, elastischem Material hergestellt, so dass sie sich der Gesichtsform anpassen. Allerdings ist die Akzeptanz bei den Beschäftigten meist niedriger als bei einer Gestellbrille.

Eine optische Korrekturbrille, die die oder der Beschäftigte z.B. beim Lesen trägt, ist keine Schutzbrille, denn sie wird nicht den Anforderungen an eine Schutzbrille gerecht. Es gibt jedoch Schutzbrillen, die mit optischen Gläsern ausgestattet sind, um Beschäftigten mit entsprechender Fehlsichtigkeit ein ungehindertes Arbeiten zu ermöglichen. Diese Schutzbrillen müssen jedoch mit Zustimmung des Arbeitgebers angeschafft werden.

Abb. 30: *Beispiel für die Anwendung einer Gestellbrille und von Chemikalienschutzhandschuhen; Quelle: BAD GmbH*

Schutzbrillen werden anhand von zwei Kennziffern unterschieden:

- **Kennziffer 3:** Schutz gegen Flüssigkeiten (z.B. Tropfen, Spritzer)
- **Kennziffer 5:** Schutz gegen Gase, Dämpfe, Nebel, Rauch und Feinstaub (Durchmesser < 5 µm)

Neben dem reinen Augenschutz gibt es auch Schutzschirme, die nicht nur die Augen, sondern das gesamte Gesicht und den Hals vor einer Einwirkung (z.B. Spritzer) durch Gefahrstoffe schützen.

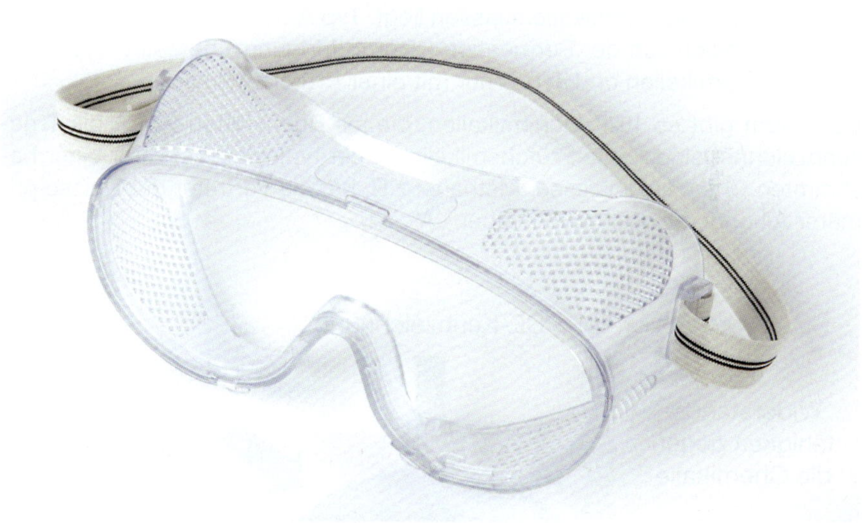

Abb. 31: *Beispiel einer Korbbrille; Quelle: BAD GmbH*

Schutzschirme sollen dann angewendet werden, wenn durch den Arbeitsvorgang neben den Augen auch das Gesicht bzw. der Hals gefährdet sind. Dies kann z.B. der Fall beim Ansetzen von 2K-Klebstoffen bzw. 2K-Schäumen sein. Bei dieser Tätigkeit erhitzt sich das Material und kann zusätzlich durch die mechanische Vermengung mit Rührgeräten ins Gesicht der Beschäftigten spritzen.

12.5.3 Schutzhandschuhe

Eine ebenfalls häufig genutzte Schutzmaßnahme ist die Verwendung von Chemikalienschutzhandschuhen.

Schutzhandschuhe unterscheiden sich sowohl durch ihre Widerstandsfähigkeit gegenüber den verschiedenen bei der Tätigkeit verwendeten Gefahrstoffen als auch durch die Belastungsdauer, der sie ausgesetzt sein können. Bei Spritzkontakt genügt in der Regel ein Handschuh für kurzzeitige Belastung, während bei einer vollflächigen Belastung (Vollkontakt) ein Handschuh für Langzeitbelastung benötigt wird.

Für Chemikalienschutzhandschuhe gilt seit März 2017 die Norm EN ISO 374-1. In dieser Norm werden die Chemikalienschutzhandschuhe in die drei Typen A, B und C eingeteilt, wobei der Unterschied in der Schutzwirkung gegenüber bestimmten Chemikalienklassen liegt: Typ A wurde mit sechs Prüfchemikalien hinsichtlich der Permeation („Durchdringung") getestet, Typ B mit drei Prüfchemikalien und Typ C nur mit einer Prüfchemikalie.

Insgesamt gibt es 18 Prüfchemikalien, die als Buchstaben von A bis T gekennzeichnet sind. Jede Prüfchemikalie ist ein typischer Vertreter einer bestimmten Chemikalienklasse. Methanol z.B. hat als Vertreter der Klasse primärer Alkohol den Kennbuchstaben „A".

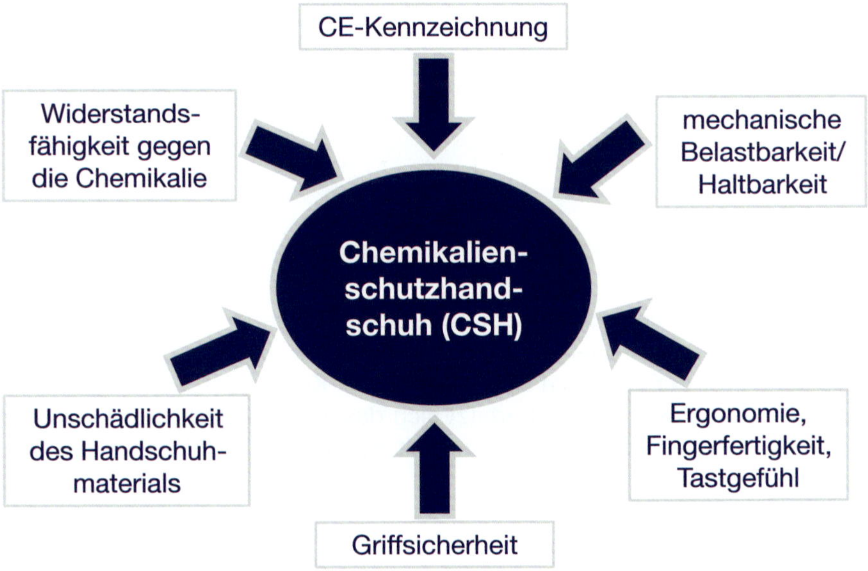

Abb. 32: *Wichtige Faktoren bei der Auswahl von Chemikalienschutzhandschuhen (CSH)*

Die getesteten Prüfchemikalien werden unterhalb des Erlenmeyer-Symbols in einer Schild-Silhouette als Buchstabenkombination angegeben: bei Schutzhandschuhen des Typs A also sechs Buchstaben, des Typs B drei Buchstaben und des Typs C ein Buchstabe.

Die Schutzhandschuhe unterscheiden sich in der Permeationszeit, d.h. in der Zeit, die die Chemikalie benötigt, um das Handschuhmaterial molekular zu durchdringen. Sie wird in Levels von 1 bis 6 ausgedrückt: Level 1 entspricht einer Permeationszeit von 10 Minuten, Level 6 der Permeationszeit von 480 Minuten. Die Permeationszeit ist spezifisch vom Handschuhmaterial und von der jeweiligen Chemikalie abhängig.

Neben der Widerstandsfähigkeit gegen die entsprechende Chemikalie ist auch das Tastgefühl wichtig, da sonst die Beschäftigten den Schutzhandschuhen eher ablehnend gegenüberstehen.

Im Sicherheitsdatenblatt sind Angaben darüber enthalten, welcher Handschuhtyp sich für Tätigkeiten mit dem jeweiligen Gefahrstoff eignet. Weiterführende Informationen zu Schutzhandschuhmaterialien und deren Beständigkeit gegenüber Chemikalien sowie deren Eignung für kurzzeitige oder langzeitige Belastung finden sich in den Schriften der Unfallversicherungsträger (DGUV) und auf der Homepage namhafter Hersteller von Schutzhandschuhen. In der Regel ist bei diesen Herstellern auch eine persönliche Beratung zur Auswahl von Schutzhandschuhen möglich und sinnvoll.

Die Tragedauer von flüssigkeitsdichten Schutzhandschuhen ist auf das unbedingt notwendige Maß zu begrenzen. Da die Hände in den Schutzhandschuhen schwitzen, weicht die obere Hornschicht auf und die Schutzfunktion der Haut ist eingeschränkt; man spricht von sogenannter Feuchtarbeit. Ab einer Dauer von regelmäßig mehr als 2 Stunden Feuchtarbeit ist den Beschäftigten eine arbeitsmedizinische Angebotsvorsorge anzubieten, ab regelmäßig 4 Stunden Feuchtarbeit handelt es sich um eine sogenannte Pflichtvorsorge.

12.5.4 Körperschutz

Bei Tätigkeiten mit Gefahrstoffen, bei denen auch der Körper des Beschäftigten durch Einwirken von Gefahrstoffen gesundheitlich beeinträchtigt werden kann, muss großflächiger geschützt werden. Dazu werden üblicherweise chemikalienbeständige Schürzen oder Schutzanzüge eingesetzt.

Die Schürzen werden als Körperschutz gegen das Verspritzen von Chemikalien, z.B. beim Umfüllen, Vermischen oder Verrühren, eingesetzt.

Schutzanzüge finden dagegen Verwendung beim Versprühen oder Vernebeln von Gefahrstoffen in Räumen, z.B. bei Raumdesinfektionen oder bei Sanierungsarbeiten mit hohem Staubaufkommen. Anders als Schürzen bieten sie für den Körper des Beschäftigten einen vollständigen Schutz.

Die Anforderungen an Schürzen und Schutzanzüge sind ähnlich wie die an Schutzhandschuhe. Sie müssen vor den auftretenden Gefahrstoffen schützen, sollen die Bewegung bei der Tätigkeit möglichst nicht einschränken, müssen eine geeignete Passform haben sowie chemisch dicht und nach Möglichkeit atmungsaktiv sein.

Auch für Schutzanzüge sollten die Tragezeiten begrenzt werden. Bei körperlicher Arbeit der Beschäftigten kann es sonst zur Überhitzung des Körpers und zu Herz-Kreislauf-Beschwerden kommen.

Kapitel 13
Arbeitsmedizinische Vorsorge

Das deutsche Arbeitsschutzrecht im Allgemeinen und das Gefahrstoffrecht im Besonderen haben zwei sich ergänzende Berufsfelder und Wege entwickelt, um gesundheitliche Gefährdungen für Beschäftigte durch die Arbeit abzuwehren.

Die technische Seite, repräsentiert durch die Fachkraft für Arbeitssicherheit, versucht in erster Linie durch technische Schutzmaßnahmen, wie z.B. Absaugungen, Kapselungen oder angemessene Belüftungsraten, eine Exposition der Betroffenen zu vermindern oder, soweit es möglich ist, auszuschließen. Dieser Ansatz liegt auch den Technischen Regeln für Gefahrstoffe zugrunde.

Auf der anderen Seite ist der Fachverstand der Arbeitsmedizinerinnen und Arbeitsmedizinern dafür vorgesehen, mögliche Wirkungen von Gefahrstoffen zu erfassen und zu ihrer Beseitigung beizutragen. Dabei müssen sie einerseits mit den Fachkräften für Arbeitssicherheit zusammenarbeiten und bereits im Vorfeld mitwirken, die Expositionen zu minimieren. Andererseits erfassen sie mögliche körperliche Auswirkungen, die sich gegebenenfalls trotz angestrengter technischer Schutzmaßnahmen einstellen.

Die drei großen Aufgabenfelder der Arbeitsmedizin

- Beteiligung an der Gefährdungsbeurteilung
- Arbeitsmedizinische Vorsorge und Beratung
- Biomonitoring im Rahmen der Vorsorge

13.1 Beteiligung an der Gefährdungsbeurteilung

Die Erkenntnisse aus der Gefährdungsbeurteilung sind notwendig, um die richtigen Maßnahmen des Arbeitsschutzes auswählen und umsetzen zu können. Der Natur der Sache nach ist hierfür ein besonderer Sachverstand erforderlich, der sich bei den Gefahrstoffen nicht allein auf technische Expertise zurückziehen kann. Insbesondere der Umgang mit Chemikalien im weitesten Sinne erfordert sowohl physikalisch-technisches als auch toxikologisch-medizinisches Wissen, um Bedrohungen zu erkennen und abzuwehren.

Dementsprechend müssen gerade bei Tätigkeiten mit Gefahrstoffen die Gefährdungsbeurteilungen in enger Kooperation zwischen den unterschiedlichen Expert:innen erarbeitet werden. Dieser Umstand ist auch bereits im Arbeitssicherheitsgesetz mittelbar geregelt, da sowohl die Ärztin/der Arzt als auch die Fachkraft für Arbeitssicherheit den Arbeitgeber bei der Gefährdungsbeurteilung unterstützen sollen (§ 3 Abs. 1 Nr. 1g sowie § 6 Abs. 1 Nr. 1e ASiG). Außerdem haben nach dem § 10 des genannten Gesetzes beide Parteien bei der Erfüllung ihrer Aufgaben zusammenzuarbeiten.

13.2 Arbeitsmedizinische Vorsorge und Beratung

Sicher am bekanntesten ist die sogenannte arbeitsmedizinische Vorsorge, über die die Tätigkeit der Ärztinnen und Ärzte am meisten wahrgenommen wird. Dabei konzentrierte sich die Vorsorge früher besonders auf Untersuchungen der Beschäftigten. Diese sind inzwischen aber nur noch ein Bestandteil der Vorsorge und in vielen Fällen nicht einmal der wichtigste.

Nach der „Verordnung zur arbeitsmedizinischen Vorsorge" (ArbMedVV) hat die Vorsorge folgenden Zweck:

> [Sie] dient der Beurteilung der individuellen Wechselwirkungen von Arbeit und physischer und psychischer Gesundheit und der Früherkennung arbeitsbedingter Gesundheitsstörungen sowie der Feststellung, ob bei Ausübung einer bestimmten Tätigkeit eine erhöhte gesundheitliche Gefährdung besteht. (§ 2 Abs. 1 Nr. 2 ArbMedVV)

Hier wird ein großer Unterschied zwischen dem eher technisch geprägten Arbeitsschutz und dem medizinischen Arbeitsschutz deutlich: Der technische Arbeitsschutz ist in erster Linie an Kollektivwirkungen bzw. kollektivpräventiven Maßnahmen interessiert. Eine Absaugung ist eine technische Maßnahme, die immer wirkt, egal wer gerade die Arbeit ausführt. Sie wirkt für alle Beschäftigten gleich und schützt alle gleich.

Der medizinische Arbeitsschutz nimmt dagegen die einzelne Person in den Blick und prüft, ob durch die Arbeit gesundheitliche Beeinträchtigungen auftreten oder zu erwarten sind. Zwar können aufgrund dieser individuellen Betrachtungen auch Aussagen für das Kollektiv gemacht werden, doch steht zunächst der einzelne Mensch im Vordergrund der Betrachtung.

Befunde, die eine Gefährdung durch die Arbeit nahelegen, können auch als Wirksamkeitsprüfung der technischen Schutzmaßnahmen verstanden werden. Sie können aber gegebenenfalls auch Hinweise darauf geben, dass bestimmte Personen sehr empfindlich auf Gefahrstoffkonzentrationen reagieren, die möglicherweise nach allgemein anerkannten wissenschaftlichen Standpunkten keine Gefährdung darstellen (sollen). Menschen sind keine Maschinen und reagieren in sehr unterschiedlicher Weise auf Belastungen. Wissenschaftliche Erkenntnisse beziehen sich aber meist auf „typische" Reaktionsmuster, die für z.B. 95 % der Bevölkerung zutreffen.

Die arbeitsmedizinische Vorsorge kann hier also sowohl dem Individual- als auch dem Kollektivschutz dienen.

13.3 Formen der arbeitsmedizinischen Vorsorge

Die drei Formen der arbeitsmedizinischen Vorsorge

- die Pflichtvorsorge
- die Angebotsvorsorge
- die Wunschvorsorge

Alle drei Vorsorgeformen unterscheiden sich weniger in den Inhalten oder Umfängen des Vorsorgepakets als vielmehr in unterschiedlichen Verpflichtungsgraden, mit der die Vorsorge durchgeführt werden muss.

Grundsätzlich muss der Arbeitgeber alle drei Vorsorgeformen organisieren, finanzieren und den Beschäftigten zugänglich machen. Liegt aber eine Indikation für eine Pflichtvorsorge vor (Informationen hierzu unten), so darf er die Beschäftigten erst mit der Tätigkeit betrauen, wenn diese an der Vorsorge teilgenommen haben. Verweigern die Beschäftigten die Teilnahme (was möglich ist), so dürfen sie für die entsprechende Tätigkeit nicht eingesetzt werden. Eine Verweigerung der Teilnahme an der Pflichtvorsorge kann innerbetrieblich durchaus personelle bzw. arbeitsrechtliche Konsequenzen haben, doch werden diese nicht durch die Gefahrstoffverordnung oder die Arbeitsmedizinische Vorsorgeverordnung ausgelöst.

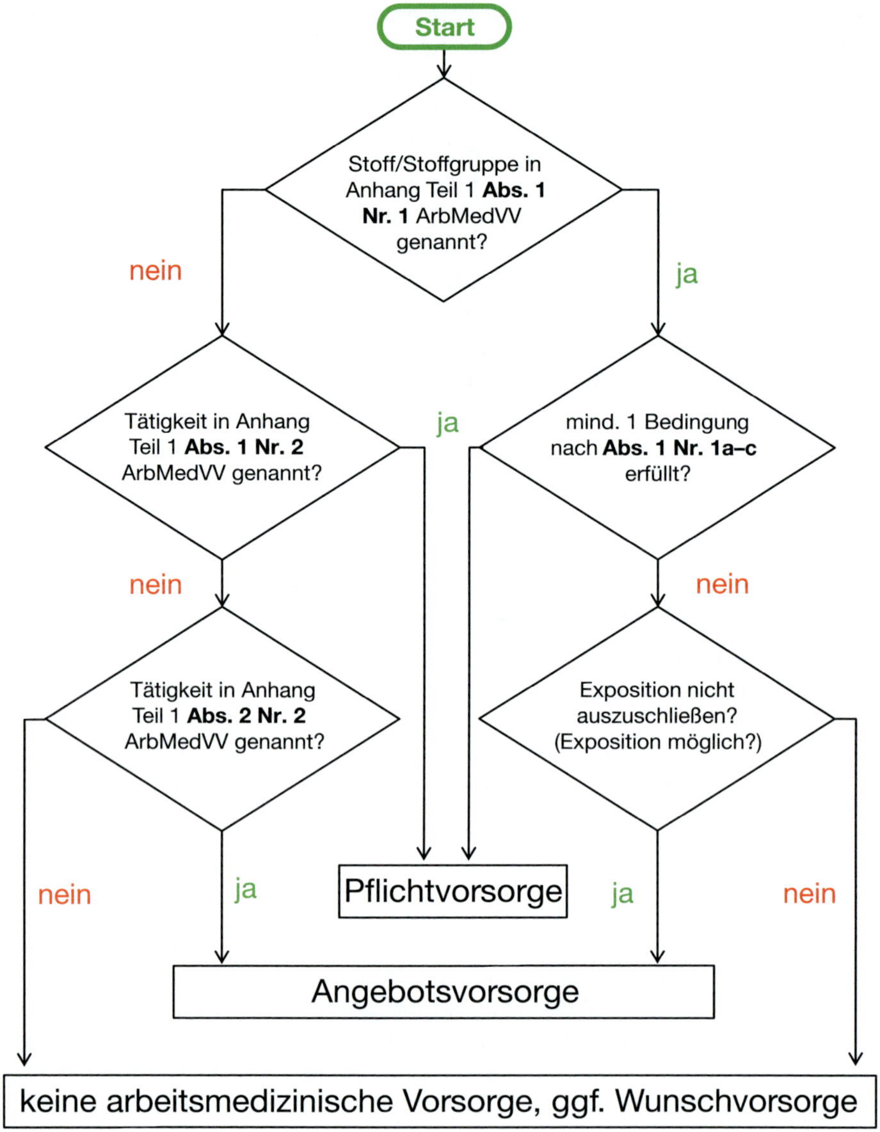

Abb. 33: *Schematische Darstellung des Vorgehens bei der Ermittlung der Vorsorgeform*

Anders als die Pflichtvorsorge stellt die Angebotsvorsorge ein freibleibendes Angebot an die Beschäftigten dar. Der Arbeitgeber hat wieder die Organisationspflicht und die Beschäftigten können das Angebot wahrnehmen oder auch nicht. Im Gegensatz zur Pflichtvorsorge darf der Arbeitgeber jedoch die Beschäftigten mit den jeweiligen Tätigkeiten betrauen, unabhängig davon, ob sie an der Vorsorge teilgenommen haben. Es ist eine für sie freiwillige Präventionsmaßnahme und es ist sinnvoll, diese wahrzunehmen, aber eine Verweigerung hat sonst keinerlei Konsequenzen für die Tätigkeitsausübung.

Eine Vorsorge hat der Arbeitgeber aber auch dann anzubieten, wenn ein Beschäftigter erkrankt und diese Erkrankung mit der Arbeit in ursächlichem Zusammenhang stehen kann (§ 5 Abs. 2 ArbMedVV). Die Möglichkeit reicht hier also aus, die Angebotsvorsorge einzuleiten. Es ist kein stringenter Nachweis erforderlich, dass die Arbeit für die Krankheit verantwortlich ist.

Beide bisher besprochenen Vorsorgeformen sind an klare Kriterien gebunden, die für Tätigkeiten mit Gefahrstoffen im Anhang unter Teil 1 der Arbeitsmedizinischen Vorsorgeverordnung beschrieben sind (→ auch *Abbildung 33*). Dies ist bei der Wunschvorsorge nicht der Fall. Hier können Beschäftigte mit dem Wunsch nach einer Vorsorge an den Arbeitgeber herantreten. Er hat diese Wunschvorsorge einzuleiten.

Bei der Wunschvorsorge dreht sich das Aufforderungsverhältnis um: Sowohl bei der Pflicht- als auch bei der Angebotsvorsorge tritt der Arbeitgeber an die Beschäftigten heran und ermöglicht ihnen bzw. fordert sie dazu auf, an der Vorsorge teilzunehmen. Im Falle der Wunschvorsorge treten dagegen die Beschäftigten (oder ihre Vertretungen) an den Arbeitgeber heran und „wünschen“ zusätzliche oder anders gelagerte Vorsorgen.

13.4 Inhalte der Vorsorge

Merke:

Die arbeitsmedizinische Vorsorge kann und darf nicht auf eine reine Untersuchungsmedizin reduziert werden. Sie umfasst unter anderem:

- Beschaffung von Kenntnissen zum Arbeitsplatz bzw. zur Tätigkeit,
- ärztliche Beratungsgespräche mit Anamnese,
- körperliche und klinische Untersuchungen. Dabei müssen vorher die Beschäftigten über den Inhalt, Zweck und die Risiken der Untersuchung informiert werden und ihr Einverständnis hierfür geben.

Viele arbeitsmedizinische Vorsorgen laufen völlig ohne Untersuchungen ab, zum einen, weil diese nicht als notwendig erachtet werden und zum anderen, weil es keine geeigneten Untersuchungsmethoden oder Referenzkriterien gibt.

Falls Untersuchungen gemacht werden, steht hierfür ein bewährter Satz an Methoden bereit, die als „G-Untersuchungen" oder „G-Grundsätze" bekannt sind. Diese Bezeichnungen beziehen sich darauf, dass es seit vielen Jahren die sogenannten „Grundsätze der Deutschen Gesetzlichen Unfallversicherung" gibt, in denen die Untersuchungsmodalitäten beschrieben sind. So regelt z.B. der G 40 die Untersuchungen bei Umgang mit krebserzeugenden Stoffen oder der G 27 den Umgang mit Isocyanaten. Insgesamt gibt es für den Gefahrstoffbereich 31 unmittelbare G-Grundsätze. Dazu kommen solche, die mittelbar mit Gefahrstoffen zu tun haben, wie z.B. der G 26 für das Tragen von Atemschutzgeräten oder der G 23 „Obstruktive Atemwegserkrankungen".

Allerdings sind diese G-Untersuchungen rechtlich nicht verbindlich und haben deshalb auch keine Vermutungswirkung. Die Versicherung, dass bei Einhaltung der Vorgaben die entsprechenden Anforderungen der übergeordneten Verordnung erfüllt sind, bleibt den sogenannten „Arbeitsmedizinischen Regeln" (AMR) vorbehalten. Diese AMR stellen – salopp formuliert – das Pendant zu den Technischen Regeln für Gefahrstoffe dar und konkretisieren die Anforderungen der Arbeitsmedizinischen Vorsorgeverordnung.

Aus diesen Gründen ist zu erwarten, dass die G-Untersuchungen sukzessive durch entsprechende AMR ersetzt oder ergänzt werden. So wurde z.B. die G 37 zum Sehvermögen an Bildschirmgeräten durch die AMR 14.1 ersetzt.

Für die Festlegung der exakten Vorsorgeform, deren Inhalte und das praktische Vorgehen ist allerdings nicht allein die Arbeitsmedizinische Vorsorgeverordnung heranzuziehen, wie *Abbildung 33 auf Seite 188* vermuten lässt. Vielmehr sind beim konkreten Vorgehen die schon genannten AMR anzuwenden. Sie definieren z.B. die Fristen (AMR Nr. 2.1), die Informationsbeschaffung über die Arbeitsverhältnisse (AMR Nr. 3.1), die Arbeitsmedizinische Prävention (AMR Nr. 3.2) sowie weitere Aspekte, ja sogar in einem Falle eine Abweichung von der ArbMedVV für bestimmte Betriebsbedingungen (AMR Nr. 11.1).

Zusätzlich sind in den letzten Jahren weitere Konkretisierungen in diversen TRGS erfolgt, die die Auswahl der jeweiligen Vorsorgeformen festlegen bzw. erleichtern. Dies ist z.B. für die TRGS 528 (Schweißtechnische Arbeiten), die TRGS 554 (Dieselmotoremissionen), die TRGS 559 (Quarzhaltiger Staub) oder die TRGS 561 (Krebserzeugende Metalle) gegeben.

Bei der Festlegung der Vorsorgeformen und Inhalte bietet sich daher das nachfolgende Vorgehen an:

1. Prüfung, ob für die Tätigkeit eine TRGS vorhanden ist und ob diese schon ausreichende Aussagen zur Vorsorge enthält. Wenn nein:
2. Prüfung der Kriterien der ArbMedVV in Anlehnung an Abbildung 33 und natürlich unter Hinzuziehen des Verordnungstextes.
3. Zusätzlich jedoch in beiden Fällen immer weitere Prüfung, ob und wenn ja, welche Kriterien und Umsetzungsmodalitäten nach den AMR ergänzend zu berücksichtigen sind. In der Regel gelten die AMR Nr. 2.1., 3.1, 3.2, 5.1, 6.1, 6.3 und 6.4 immer.

Trotz dieser möglichen Spezifikationen sind an dieser Stelle jedoch weiterhin allgemeine Aussagen möglich, z.B. zu den Fristen, denn die eigentlichen Vorsorgen sind keine einmaligen Ereignisse, sondern sie wiederholen sich in bestimmten Rhythmen:

Erstvorsorge:	innerhalb von 3 Monaten vor Tätigkeitsaufnahme
zweite Vorsorge:	je nach Gefahrstoff, spätestens nach 6–12 Monaten
weitere Vorsorgen:	spätestens nach 36 Monaten
nachgehende Vorsorge:	spätestens alle 36 Monate (gilt nur für besondere Gefahrstoffe)

Die für die Vorsorge verantwortlichen Ärztinnen und Ärzte können aber jeweils auch individuelle kürzere (aber niemals längere) Fristen festlegen.

Die nachgehende Vorsorge soll insbesondere solche Stoffe überwachen, die sehr lange Latenzzeiten haben und bei denen Schäden gegebenenfalls erst längere Zeit nach Beschäftigungsende manifest oder nachweisbar werden. Ein Beispiel hierfür sind die krebserzeugenden Stoffe. Dabei übertragen die Arbeitgeber nach Beschäftigungsende diese Pflicht auf die jeweiligen Unfallversicherungsträger.

Zwei Punkte müssen an dieser Stelle hervorgehoben werden, um Missverständnisse zu vermeiden:

1. Auch die an den G-Grundsätzen orientierten Vorsorgen enthalten nicht nur die reinen Untersuchungen, sondern auch die Beratungsgespräche und die Arbeitsanamnese, wie sie in dem Begriff „Vorsorge" immer mitgedacht sind.
2. Keine Beschäftigte und kein Beschäftigter kann zu einer Teilnahme an einer körperlichen Untersuchung als Teil der Gesamtvorsorge gezwungen werden. Das Zustandekommen einer Vorsorge ist nicht an die Erfüllung der Untersuchung gekoppelt. Im Falle der Pflichtvorsorge ist also

z.B. die Vorsorgeforderung auch dann erfüllt, wenn die Beschäftigten sich der körperlichen Untersuchung verweigern. Sie dürfen trotzdem mit der Tätigkeit betraut werden, denn Anamnese und Beratungsgespräch haben ja stattgefunden und das Untersuchungsangebot wurde gestellt.

13.5 Auslösekriterien für arbeitsmedizinische Vorsorge

Wann bzw. unter welchen Umständen ist eine arbeitsmedizinische Pflicht- oder Angebotsvorsorge erforderlich? Welches sind die Auslösekriterien? Diese sind im Anhang der Arbeitsmedizinischen Vorsorgeverordnung exakt beschrieben. Dabei handelt es sich sowohl um stoffbezogene als auch tätigkeitsbezogene Kriterien. Es ist hier nicht der Ort, alle Kriterien darzustellen; zwei Fallbeispiele sollen das Vorgehen jedoch erläutern.

Beispiel 1

In einem Produktionsunternehmen wird Methanol in größerem Maßstab eingesetzt. Die Tätigkeit erfolgt nicht in einer geschlossenen Anlage. Im Anhang Teil 1 Absatz 1 Nummer 1 ArbMedVV wird Methanol als einer der 32 Stoffe bzw. Stoffgruppen aufgelistet, die arbeitsmedizinische Pflicht- oder Angebotsvorsorge nach sich ziehen können (→ auch *Abbildung 33 auf Seite 188*).

Eine Pflichtvorsorge ist dabei erforderlich, wenn mindestens eines der folgenden Kriterien erfüllt ist:

- Der Arbeitsplatzgrenzwert wird überschritten.
- Es kommt zu einer wiederholten Exposition und es handelt sich um einen krebserzeugenden oder keimzellmutagenen Stoff der Kategorie 1A oder 1B.
- Der Stoff ist hautresorptiv und eine Gesundheitsgefährdung durch Hautkontakt ist nicht auszuschließen.

Methanol ist nicht krebserzeugend oder keimzellmutagen. Das zweite Kriterium scheidet daher von vornherein aus. Um also festzustellen, ob eine Pflichtvorsorge notwendig ist, muss geprüft werden, ob entweder der Arbeitsplatzgrenzwert überschritten ist oder es systematisch zu Hautkontakten kommt (oder beides). Sollte dies gegeben sein, so ist eine Pflichtvorsorge erforderlich.

Sollten diese Kriterien nicht erfüllt sein, ist jedoch eine Exposition (wie in unserem Fall) nicht auszuschließen, ist eine Angebotsvorsorge erforderlich. Würden die Arbeiten z.B. in einer geschlossenen Anlage erfolgen, dann darf eine Exposition ausgeschlossen werden und die arbeitsmedizinische Vorsorge könnte entfallen.

Das Beispiel zeigt, dass die Form der Vorsorge nicht nur vom Stoff, sondern auch von den Tätigkeitsmerkmalen abhängt.

Beispiel 2

Ein Beschäftigter arbeitet bei einem Unternehmen, das Reinigungsaufgaben in Firmen wahrnimmt. Bei der Tätigkeit kommt die Person mit Wasser in Kontakt (z.B. beim Wischen oder Säubern von Möbeln mit feuchtem Lappen usw.). Zwar trägt sie dabei Handschuhe, aber es ist bekannt, dass auch in diesen Fällen sich im Handschuh ein Feuchtigkeitsfilm bildet, der über längere Zeit zu Hautproblemen führen kann (Feuchtarbeit). Feuchtarbeit ist ein Kriterium, das eine arbeitsmedizinische Vorsorge erforderlich machen kann, wobei nach den Ausführungen im Anhang der ArbMedVV die Expositionszeiten entscheidend sind:

- Bei Feuchtarbeit von bis 2 Stunden/Tag ist keine Vorsorge erforderlich.
- Feuchtarbeit von regelmäßig mehr als 2 und bis zu 4 Stunden/Tag erfordert eine Angebotsvorsorge.
- Feuchtarbeit von regelmäßig mehr als 4 Stunden/Tag erfordert eine Pflichtvorsorge.

Auch im zweiten Beispiel hängt die Frage nach der Vorsorge sowohl am stofflichen Agens als auch an der Form der Tätigkeitsausführung.

Beide Fälle demonstrieren sehr klar die notwendige Zusammenarbeit zwischen den Fachkräften für Arbeitssicherheit bzw. den Gefahrstofffachkundigen und den Arbeitsmediziner:innen. Letztere sind typischerweise nicht in der Lage, die tätigkeitsbezogenen Kriterien zu ermitteln, insbesondere dann nicht, wenn es sich um messtechnische Erhebungen handelt oder die Tätigkeitsmerkmale erst bei längerer Beobachtung klar werden. Beide Parteien müssen eng zusammenarbeiten und einen intensiven Informationsaustausch pflegen.

Es ist jedoch nicht sinnvoll, dass der Arbeitgeber oder die Sicherheitsfachkraft für die Ärztin oder den Arzt die Art der Vorsorge und die möglicherweise erforderliche „G-Untersuchung“ ermittelt. Dies ist originäre Aufgabe der Arbeitsmedizin.

Das hier dargestellte und in *Abbildung 33 auf Seite 188* visualisierte Vorgehen kann unter Umständen gewisse Abänderungen erfahren, wie bereits oben am Beispiel der AMR Nr. 11.1 für krebserzeugende und keimzellmutagene Gefahrstoffe angemerkt wurde. Die Ermittlung der korrekten Vorsorgeform ist also nicht schematisch vorzunehmen und benötigt entsprechendes Fachwissen – und das ist nun einmal Gegenstand der Arbeitsmedizin.

13.6 Biomonitoring

Das Biomonitoring nach § 6 Abs. 2 ArbMedVV und der AMR Nr. 6.2 ist Bestandteil der arbeitsmedizinischen Vorsorge und dient dazu, Belastungen im Körper des Menschen messtechnisch zu erfassen und anhand von Referenzwerten diese Belastungen zu quantifizieren. Dabei können gegebenenfalls über zeitlich gestaffelte Messungen Belastungsentwicklungen erfasst werden.

Interessant ist dies z.B. für

- hautresorptive Stoffe,
- Belastungen, die auf orale Aufnahmen zurückzuführen sind, oder
- krebserzeugende, keimzellmutagene und reproduktionstoxische Stoffe.

Biomonitoring kann aber auch dann wichtig werden, wenn die Arbeitsbedingungen von den „Normarbeitsbedingungen“ abweichen:

So macht Biomonitoring z.B. Sinn, wenn die Arbeit mit hoher körperlicher Anstrengung verbunden ist. In solchen Fällen steigt die Atemfrequenz und es werden größere Mengen an Stoffen eingeatmet als bei „normaler“ körperlicher Aktivität. Die meisten Schutzvorgaben oder Grenzwerte beziehen sich aber auf diese normale Aktivität, so dass bei hoher Arbeitsleistung diese Beurteilungskriterien möglicherweise nicht ausreichen.

Ein weiteres Beispiel sind sehr lange Arbeitszeiten, denn das Grenzwertkonzept geht von 8-stündiger Tätigkeit an 5 Wochentagen aus. Was aber, wenn über einen längeren Zeitraum 6 Tage lang über 11 Stunden gearbeitet wird? Auch hier kann das Biomonitoring helfen, Gefährdungen zu erkennen.

Grundsätzlich fußt das Biomonitoring auf messtechnischen Untersuchungen an Körperflüssigkeiten, meist Blut oder Urin. Fremdstoffe, die im Körper aufgenommen werden, zirkulieren im Blut und werden nach chemischen Umbauprozessen in der Regel verändert (als „Metaboliten") über den Harn ausgeschieden. Im Rahmen des Biomonitorings wird also die Konzentration der im Körper befindlichen Gefahrstoffe oder ihrer Metaboliten erfasst und mit geeigneten Referenzwerten verglichen.

Solche Referenzwerte existieren in größerer Zahl; zwei sollten aber allen Gefahrstofffachkundigen bekannt sein:

1. der Biologische Grenzwert (BGW) und
2. die Äquivalenzwerte.

Beide sind im *Kapitel 8 „Expositionsbegrenzung und Grenzwerte"* unter dem *Abschnitt „Grenzwerte für biologisches Material"* näher beschrieben.

Die jeweiligen Luftgrenzwerte haben also entsprechende Pendants in den Beurteilungswerten für die Körperflüssigkeiten.

Merke:

- Stoffen mit einem AGW ist für die Körperflüssigkeiten ein BGW zugeordnet.
- Stoffen (meist krebserzeugenden Stoffen), die für die Luft eine Akzeptanz- und eine Toleranzkonzentration aufweisen, sind für die Körperflüssigkeiten jeweils ein unterer und oberer Äquivalenzwert zugeordnet.

Dadurch werden die unterschiedlichen toxikologischen Grundlagen (→ *Kapitel 6 „Wirkungen von Gefahrstoffen"*) nicht nur bei den sicherheitstechnischen Betrachtungen, sondern auch im Rahmen der Untersuchungen bzw. des Biomonitorings berücksichtigt.

Das Vorgehen beim Biomonitoring ist in der AMR Nr. 6.2 genau beschrieben und erlaubt Rückschlüsse auf:

- die Gefahrstoffmengen, die vom Beschäftigten durch Einatmen, Hautresorption oder durch Verschlucken aufgenommen worden sind,
- spezifische biochemische und biologische Effekte einer Gefahrstoffbelastung,
- individuelle Unterschiede bei der „Verarbeitung" von Gefahrstoffen, wie bereits oben angedeutet,
- die Wirksamkeit technischer, organisatorischer und persönlicher Schutzmaßnahmen und auf
- die Hygiene beim Umgang mit Gefahrstoffen.

Insofern stellt Biomonitoring ein wirksames Hilfsmittel dar, das ebenfalls als Wirksamkeitsprüfung von Schutzmaßnahmen zu verstehen ist. Ein abschließendes Beispiel zeigt dies deutlich.

Beispiel

In einem Betrieb wurden Lötarbeiten mit bleihaltigem Lot ausgeführt. Wirksame Absaugungen waren installiert, geprüft und getestet. Auch Unterweisungen fanden statt. Die technischen Schutzmaßnahmen als auch die individuellen Schutzmaßnahmen entsprachen dem Stand der Technik. Theoretisch war alles in Ordnung. Das Biomonitoring erbrachte dann aber Ernüchterung: Im Blut der Beschäftigten wurden nicht unerhebliche Mengen an Blei nachgewiesen. Wie konnte dies geschehen, die Technik war doch in Ordnung? Eine genauere Beobachtung machte dann aber klar, dass die unterwiesenen Hygieneregeln nicht eingehalten wurden. Die Beschäftigten futterten fröhlich ihre Pausenbrote am Arbeitsplatz und legten sie sogar auf den Arbeitstischen ab. Dies geschah natürlich nur, wenn es die Vorgesetzten nicht sahen. Aber das Biomonitoring brachte es an den Tag.

13.7 Arbeitsmedizinisch-toxikologische Beratung

Eine besondere Informationspflicht neben der allgemeinen Unterweisung nach § 14 GefStoffV ist die arbeitsmedizinisch-toxikologische Beratung. Sie dient in erster Linie dazu, die Beschäftigten über Sinn und Zweck der arbeitsmedizinischen Vorsorge zu informieren, aber auch, über Gefahren und Wirkungen der eingesetzten Gefahrstoffe aufzuklären. Hier verschränkt sich die arbeitsmedizinisch-toxikologische Beratung mit der „normalen" Unterweisung.

Dabei ist der Begriff „Beratung" etwas irreführend, da ggf. an eine Einzelberatung durch die Arbeitsmedizinerin oder den Arbeitsmediziner gedacht werden könnte. Diese Beratung vollzieht sich aber im Rahmen der Vorsorge, während die arbeitsmedizinisch-toxikologische Beratung (ATB) ein Teil der Unterweisung und damit Bestandteil einer Kollektivveranstaltung ist. Unterweisung und ATB könnten daher in einem Termin realisiert werden. Nach dem reinen Text der Verordnung ist dabei die ATB auch dann durchzuführen, wenn gar keine arbeitsmedizinischen Vorsorgen erforderlich sein sollten. Dennoch macht es Sinn, über die Gefahrstoffe auch aus Sicht der Arbeitsmedizin aufzuklären.

Die ATB muss nach § 14 GefStoffV unter Beteiligung der Betriebsärztin oder des Betriebsarztes erfolgen. Allerdings ist nicht festgelegt, welche Rolle sie oder er dabei ausfüllt. Die persönliche Durchführung der ATB ist jedenfalls nicht nötig. So besteht die Möglichkeit, auch besonders geschulte Beschäftigte damit zu beauftragen. Wichtig ist dann jedoch, dass die Inhalte mit der Ärztin oder dem Arzt abgesprochen sind und diese für Rück- und Zweifelsfragen zur Verfügung stehen. Generell wäre es aber empfehlenswert, wenn die Betriebsärztin oder der Betriebsarzt bei der Unterweisung/ATB anwesend wäre. Leider lässt sich dies in der Praxis nicht immer gewährleisten.

Anhänge

Anhang 1
Liste der vollständigen Gefahrenklassen und Gefahrenkategorie-Codes

Gefahrenklasse/Hazard Class		Gefahrenkategorie-Code	
Deutsch	**Englisch**	**Englisch**	**Deutsch**
Explosive Stoffe/ Gemische und Erzeugnisse mit Explosivstoff	Explosive	Unst. Expl. Expl. 1.1 Expl. 1.2 Expl. 1.3 Expl. 1.4 Expl. 1.5 Expl. 1.6	Inst. Expl. Expl. 1.1 Expl. 1.2 Expl. 1.3 Expl. 1.4 Expl. 1.5 Expl. 1.6
Entzündbare Gase	Flammable gas	Flam. Gas 1A Flam. Gas 1B Flam. Gas 2 Pyr. Gas Chem. Unst. Gas A Chem Unst. Gas B	Entz. Gas 1A Entz. Gas 1B Entz. Gas 2 Pyr. Gas Chem. Inst. Gas A Chem. Inst. Gas B
Aerosole	Aerosol	Aerosol 1 Aerosol 2 Aerosol 3	Aerosol 1 Aerosol 2 Aerosol 3
Oxidierende Gase	Oxidising gas	Ox. Gas 1	Oxid. Gas 1
Gase unter Druck	Gases under pressure	Press. Gas	Pressgas
Entzündbare Flüssigkeiten	Flammable liquid	Flam. Liq. 1 Flam. Liq. 2 Flam. Liq. 3	Entz. Fl. 1 Entz. Fl. 2 Entz. Fl. 3
Entzündbare Feststoffe	Flammable solid	Flam. Sol. 1 Flam. Sol. 2	Entz. Festst. 1 Entz. Festst. 2

Gefahrenklasse/Hazard Class		Gefahrenkategorie-Code	
Deutsch	**Englisch**	**Englisch**	**Deutsch**
Selbstzersetzliche Stoffe oder Gemische	Self-reactive substance or mixture	Self-react. A Self-react. B Self-react. CD Self-react. EF Self-react. G	Selbstzers. A Selbstzers. B Selbstzers. CD Selbstzers. EF Selbstzers. G
Pyrophore Flüssigkeiten	Pyrophoric liquid	Pyr. Liq. 1	Pyr. Fl. 1
Pyrophore Feststoffe	Pyrophoric solid	Pyr. Sol. 1	Pyr. Festst. 1
Selbsterhitzungsfähige Stoffe oder Gemische	Self-heating substance or mixture	Self-heat. 1 Self-heat. 2	Selbsterh. 1 Selbsterh. 2
Stoffe oder Gemische, die bei Berührung mit Wasser entzündbare Gase abgeben	Substance or mixture which in contact with water emits flammable gas	Water-react. 1 Water-react. 2 Water-react. 3	Wasserreakt. 1 Wasserreakt. 2 Wasserreakt. 3
Oxidierende Flüssigkeiten	Oxidising liquid	Ox. Liq. 1 Ox. Liq. 2 Ox. Liq. 3	Oxid. Fl. 1 Oxid. Fl. 2 Oxid. Fl. 3
Oxidierende Feststoffe	Oxidising solid	Ox. Sol. 1 Ox. Sol. 2 Ox. Sol. 3	Oxid. Festst. 1 Oxid. Festst. 2 Oxid. Festst. 3
Organische Peroxide	Organic peroxide	Org. Perox. A Org. Perox. B Org. Perox. CD Org. Perox. EF Org. Perox. G	Org. Perox. A Org. Perox. B Org. Perox. CD Org. Perox. EF Org. Perox. G

Gefahrenklasse/Hazard Class		Gefahrenkategorie-Code	
Deutsch	Englisch	Englisch	Deutsch
Korrosiv gegenüber Metallen	Substance or mixture corrosive to metals	Met. Corr. 1	Met. Korr. 1
Desensibilisierte explosive Stoffe/ Gemische	Desensitized explosive	Desen. Expl. 1 Desen. Expl. 2 Desen. Expl. 3 Desen. Expl. 4	Desen. Expl. 1 Desen. Expl. 2 Desen. Expl. 3 Desen. Expl. 4
Akute Toxizität	Acute toxicity	Acute Tox. 1 Acute Tox. 2 Acute Tox. 3 Acute Tox. 4	Akut Tox. 1 Akut Tox. 2 Akut Tox. 3 Akut Tox. 4
Ätzwirkung auf die Haut/Hautreizung	Skin corrosion/irritation	Skin Corr. 1A Skin Corr. 1B Skin Corr. 1C Skin Irrit. 2	Hautätz. 1A Hautätz. 1B Hautätz. 1C Hautreiz. 2
Schwere Augenschädigung/ Augenreizung	Serious eye damage/eye irritation	Eye Dam. 1 Eye Irrit. 2	Augenschäd. 1 Augenreiz. 2
Sensibilisierung der Atemwege/ Haut	Respiratory/ skin sensitization	Resp. Sens. 1 Resp. Sens. 1A Resp. Sens. 1B Skin Sens. 1 Skin Sens. 1A Skin Sens. 1B	Sens. Atemw. 1 Sens. Atemw. 1A Sens. Atemw. 1B Sens. Haut 1 Sens. Haut 1A Sens. Haut 1B
Keimzellmutagenität	Germ cell mutagenicity	Muta. 1A Muta. 1B Muta. 2	Mutag. 1A Mutag. 1B Mutag. 2
Karzinogenität	Carcinogenicity	Carc. 1A Carc. 1B Carc. 2	Karz. 1A Karz. 1B Karz. 2

Gefahrenklasse/Hazard Class		Gefahrenkategorie-Code	
Deutsch	**Englisch**	**Englisch**	**Deutsch**
Reproduktions-toxizität	Reproductive toxicity	Repr. 1A Repr. 1B Repr. 2 Lact.[1]	Repr. 1A Repr. 1B Repr. 2 Lakt.[1]
Spezifische Zielorgan-Toxizität (einmalige Exposition)	Specific target organ toxicity – single exposure	Stot SE 1 Stot SE 2 Stot SE 3	STOT einm. 1 STOT einm. 2 STOT einm. 3
Spezifische Zielorgan-Toxizität (wiederholte Exposition)	Specific target organ toxicity – repeated exposure	Stot RE 1 Stot RE 2	STOT wdh. 1 STOT wdh. 2
Aspirationsgefahr	Aspiration hazard	Asp. Tox. 1	Asp. 1
Gewässergefährdend	Hazardous to the aquatic environment	Aquatic Acute 1 Aquatic Chronic 1 Aquatic Chronic 2 Aquatic Chronic 3 Aquatic Chronic 4	Aqu. akut 1 Aqu. chron. 1 Aqu. chron. 2 Aqu. chron. 3 Aqu. chron. 4
Die Ozonschicht schädigend	Hazardous for the ozone layer	Ozone 1	Ozon 1

[1] Zusatzkategorie für Wirkungen auf/über Laktation

Anhang 2 Vorlage für Dokumentation der Gefährdungsbeurteilung

Gefährdungsbeurteilung gemäß
§ 6 GefStoffV und TRGS 400

B·A·D GESUNDHEITSVORSORGE UND SICHERHEITSTECHNIK GMBH
Team prevent

Gefährdungsbeurteilung ohne Handlungsempfehlungen
gemäß Nummer 6.1 Absatz 5 der TRGS 400

Tätigkeiten ohne tätigkeits- /stoffspezifische TRGS, VSK oder branchenspezifische Hilfestellungen

Nicht für Explosivstoffe (H 200 – H 205)

Chemischer Betrieb Liebigstraße 4711 99999 Gefahrstoffhausen	Gefährdungsbeurteilung Dokumentation Nr.	Gefahrstoffe JJJJMMDD <Lfd.Nr.>

1. Allgemeine Angaben / Festlegung des Betrachtungsbereiches

Arbeitsbereich:

☐ Gefährdungsbeurteilung für Arbeitsbereich ☐ Gesonderte / übergreifende Gefährdungsbeurteilung

Arbeitsverfahren / Tätigkeitsbeschreibung (ggf. Hinweis auf vorhandene Dokumente):

Eingesetzte / frei werdende Gefahrstoffe (die wichtigsten benennen):

☐ siehe auch Gefahrstoffverzeichnis

Gefährliche Eigenschaften der eingesetzten und frei werdenden Gefahrstoffe

☐ **Toxikologische Eigenschaften**		☐ **Physikalisch-chemische Eigenschaften**	
☐ Akut toxisch	☐ Ätz-/Reizwirkung	☐ Explosivstoff	☐ Druckgase
☐ cmr-Stoffe	☐ STOT-Eigenschaften	☐ Oxidierend	☐ Andere Phys.-chem. Eigenschaften
☐ Sensibilisierend	☐ Andere toxikologische Eigenschaften	☐ Entzündbar	☐
Gefährdungen (Stichworte):		**Anzahl und Qualifikation Mitarbeiter:**	

2. Arbeits- und Umgebungsbedingungen (insbesondere gefahrerhöhende Merkmale)

Angaben zu eingesetzten / frei werdenden Mengen an Gefahrstoffen, Expositionshäufigkeit/ -dauer:

Staubende Tätigkeit mit:

Versprühen folgender Gefahrstoffe:

Hautkontakt mit:

Sonstiges wie Erwärmen von Gefahrstoffen, Gefahrstoffe mit niedrigem Siedepunkt / hohem Dampfdruck, Feuchtarbeit, schwere körperliche Arbeit *(Beschreibung)***:**

3. Gefährdungen durch die Gefahrstoffe in Verbindung mit den Arbeitsbedingungen (bitte Gefahrzahlsystem anwenden)

Toxikologisch	☐ inhalativ	☐ dermal	**Brand- und Explosionsgefahren**	
☐ **Gas / Dämpfe** ☐ **Flüssigkeiten** ☐ **Stäube / Feststoffe**	**Niedrig** ☐ **Erhöht** ☐ **Hoch** ☐	**Niedrig** ☐ **Erhöht** ☐ **Hoch** ☐	☐ Bildung explosionsfähiger Atmosphäre und / oder Brand möglich durch: ☐ Flüssigkeiten, Aerosole, Dampf-Luft-Gemische ☐ Gase ☐ Stäube ☐ Brennbare Feststoffe	**Niedrig** ☐ **Erhöht** ☐ **Hoch** ☐

 Seite: 1 von 2

4. Gesamtbeurteilung der Gefährdung gemäß § 6 GefStoffV	
Schriftliche zusammenfassende Darstellung der Ergebnisse	
Unverantwortbare Gefährdung für Schwangere und stillende Mütter:	☐ Ja ☐ Nein

5. Festgelegte erforderliche Schutzmaßnahmen		Durchgeführt		
		Ja	Nein	Teilw.
Maßnahme	**Beschreibung der Maßnahme / Erläuterung**			
Allgemeine Maßnahmen		☐	☐	☐
Substitutionsprüfung		☐	☐	☐
Expositionsermittlung		☐	☐	☐
Technische Schutzmaßnahmen		☐	☐	☐
Persönliche Schutzausrüstung		☐	☐	☐
Brandschutz-maßnahmen		☐	☐	☐
Ex-Schutz-Maßnahmen		☐	☐	☐
Betriebsanweisung		☐	☐	☐
Unterweisung		☐	☐	☐
Arbeitsmedizinische Vorsorge		☐	☐	☐
Vorkehrungen für Unfälle, Stör- /Notfälle		☐	☐	☐
Besondere Personengruppen (Schwangere, Jugendlichen u.a.		☐	☐	☐

Wirksamkeitsprüfung ☐ **(Maßnahmen ausreichend)** ☐ **Maßnahmen nicht ausreichend**			
☐ **Maßnahmen nicht ausreichend erforderliche Maßnahmen**	**Zu erledigen bis:**	**Zu erledigen durch:**	**Erledigt am / durch:**

	Datum	Berater/in	Bearbeiter/in	Verantwortliche/r
Erstellung				
Aktualisierung				

Anhang 3
Inhalt der Gefahrstoffverordnung

Abschnitt 1 Zielsetzung, Anwendungsbereich und Begriffsbestimmungen

§ 1 Zielsetzung und Anwendungsbereich
§ 2 Begriffsbestimmungen

Abschnitt 2 Gefahrstoffinformation

§ 3 Gefahrenklassen
§ 4 Einstufung, Kennzeichnung und Verpackung
§ 5 Sicherheitsdatenblatt und sonstige Informationspflichten

Abschnitt 3 Gefährdungsbeurteilung und Grundpflichten

§ 6 Informationsermittlung und Gefährdungsbeurteilung
§ 7 Grundpflichten

Abschnitt 4 Schutzmaßnahmen

§ 8 Allgemeine Schutzmaßnahmen
§ 9 Zusätzliche Schutzmaßnahmen
§ 10 Besondere Schutzmaßnahmen bei Tätigkeiten mit krebserzeugenden, keimzellmutagenen und reproduktionstoxischen Gefahrstoffen der Kategorie 1A und 1B
§ 11 Besondere Schutzmaßnahmen gegen physikalisch-chemische Einwirkungen, insbesondere gegen Brand- und Explosionsgefährdungen
§ 12 (aufgehoben)
§ 13 Betriebsstörungen, Unfälle und Notfälle
§ 14 Unterrichtung und Unterweisung der Beschäftigten
§ 15 Zusammenarbeit verschiedener Firmen

Abschnitt 4a Anforderungen an die Verwendung von Biozid-Produkten einschließlich der Begasung sowie an Begasungen mit Pflanzenschutzmitteln

§ 15a Verwendungsbeschränkungen
§ 15b Allgemeine Anforderungen an die Verwendung von Biozid-Produkten
§ 15c Besondere Anforderungen an die Verwendung bestimmter Biozid-Produkte
§ 15d Besondere Anforderungen bei Begasungen
§ 15e Ergänzende Dokumentationspflichten
§ 15f Anforderungen an den Umgang mit Transporteinheiten

Anhang 4
Liste hilfreicher Internetlinks

Gefahrstoffdatenbanken:

- GESTIS-Stoffdatenbank
  https://www.dguv.de/ifa%3B/gestis/gestis-stoffdatenbank/index.jsp
- Gefahrstoff-Informationssystem der Bau-Berufsgenossenschaft
  https://www.wingisonline.de/
- Gefahrstoff-Informationssystem Chemikalien der BGRCI und der BGHM
  https://www.gischem.de/index.htm

Rechtsgrundlagen, Technische Regeln u.a:

- Bundesanstalt für Arbeitsschutz und Arbeitsmedizin (BAuA)
  www.baua.de
- Gefahrstoffe
  https://www.baua.de/Gefahrstoffe
- REACH-CLP-Helpdesk
  https://www.reach-clp-biozid-helpdesk.de/DE/Home/Home_node.html
- Europäische Chemikalienagentur (ECHA)
  https://echa.europa.eu/de/home
- EUR-Lex-Datenbank mit kostenlosem Zugriff z.B. auf das Amtsblatt der Europäischen Union und EU-Rechtsvorschriften
  https://eur-lex.europa.eu/homepage.html

Allgemeine Links:

- Deutsche Gesetzliche Unfallversicherung (DGUV)
  https://www.dguv.de/de/index.jsp
- B·A·D Gesundheitsvorsorge und Sicherheitstechnik GmbH
  www.bad-gmbh.de

Stichwortverzeichnis